名人
遗范长存

北京中轴线文化游典

北京非物质文化遗产保护中心
组织编写

吴雅山 著

北京出版集团
北京出版社

图书在版编目（CIP）数据

名人：遗范长存 / 北京非物质文化遗产保护中心组织编写；吴雅山著. — 北京：北京出版社，2021.10
（北京中轴线文化游典）
ISBN 978-7-200-16087-1

Ⅰ. ①名… Ⅱ. ①北… ②吴… Ⅲ. ①名人—生平事迹—北京 Ⅳ. ①K820.81

中国版本图书馆CIP数据核字（2020）第255388号

北京中轴线文化游典
名人
遗范长存
MINGREN
北京非物质文化遗产保护中心　组织编写
吴雅山　著

*

北　京　出　版　集　团　出版
北　京　出　版　社
（北京北三环中路6号）
邮政编码：100120

网　　址：www.bph.com.cn
北京伦洋图书出版有限公司发行
北京鑫益晖印刷有限公司印刷

*

787毫米×1092毫米　16开本　19.75印张　232千字
2021年10月第1版　2023年7月第2次印刷
ISBN 978-7-200-16087-1
定价：79.80元
如有印装质量问题，由本社负责调换
质量监督电话：010-58572393

"北京中轴线文化游典"编委会

主　　编　陈　冬
副 主 编　庞　微
执行主编　杨良志　张　迁　姜婷婷　刘子军
　　　　　安　东　刘庆华

编　　委（按姓氏笔画排序）
　　　　　王　越　孔繁峙　白　杰　朱祖希
　　　　　李建平　杨　澄　张　勃　张永和
　　　　　张妙弟　张宝秀　周家望　宗春启
　　　　　赵　书　赵东勋　韩　扬

编　　辑（按姓氏笔画排序）
　　　　　肖　潇　陈　华　珊　丹　赵海涛
　　　　　莫　箫　高　琪　彭丽丽　魏小玲

总　序

"一城聚一线，一线统一城"，北京中轴线南端点在永定门，北端点在钟楼，位居北京老城正中，全长7.8千米。在中轴线上有城楼、御道、河湖、桥梁、宫殿、街市、祭坛、国家博物馆、人民英雄纪念碑、人民大会堂、景山、钟鼓楼等一系列文化遗产。北京中轴线自元代至今，历经750余年，彰显了中华民族守正创新、与时俱进的文脉传承，凸显着北京历史文化的整体价值，已经成为中华文明源远流长的伟大见证。

北京中轴线是北京城市的脊梁与灵魂，蕴含着中华民族深厚的文化底蕴、哲学思想，也见证了时代变迁，体现了大国首都的文化自信。说脊梁，北京中轴线是中华民族都市规划的杰出典范，是北京城市布局的脊梁骨，对整座城市肌理（街巷、胡同、四合院）起着统领作用，北京老城前后起伏、左右对称的建筑或空间的分配都是以中轴线为依据的；说灵魂，北京中轴线所形成的文化理念始终不变，尚中、居中、中正、中和、中道、凝聚、向心、多元一统的文化精神始终在中轴线上延续。由此，北京中轴线既是历史轴线，又是发展轴线，还是北京建设全国文化中心的魅力所在、资源所在、优势所在。

北京中轴线是活态的，始终与北京城和中华民族的发展息息相关。在历史长河风云变幻中，一些重大历史事件都发生在中轴线上，同时中轴线始终有社会生活的烟火气，留下了京城百姓居住、生活的丰富印迹。这些印迹既有物质文化遗产，又有非物质文化遗产；这些印迹不仅有古都文化特色，还有对红色文化的展现、京味文化的弘扬、创新文化的彰显。中轴线就像一个大舞台，包括皇家宫殿、士大夫文化、市民生活，呈现开放包容、丰富多彩、浓厚的京味，突出有方言、饮食、传说、工艺、科技以及各种文学、艺术等。时至近现代，在中轴线上还有展现中华民族革命斗争的历史建筑和社会主义现代化建设的红色文化传承。今天，古老的中轴线正从历史深处昂扬走向璀璨的未来，在传统文化与现代文明的滋养中焕发出历久弥新的时代风采。

北京中轴线是一张"金名片"，传承保护好以中轴线为代表的历史文化遗产是首都的职责，也是每一个市民的责任。以文塑旅，以旅彰文，"北京中轴线文化游典"是一套以学术为支撑，以普及为目的，以文旅融合为特色，以"游"来解读中轴线文化的精品读物。这套读物共16册，以营城、建筑、红迹、胡同彰显古都风韵，以园林、庙宇、碑刻、古狮雕琢文明印迹，以商街、美食、技艺、戏曲见证薪火相传，以名人、美文、译笔、传说唤起文化拾遗。书中既有对北京城市整体文化的宏观扫描，又有具体而精微的细节展现；既有活跃在我们生活中的文化延续，也有留存于字里行间的珍贵记忆。

总 序

本套丛书自规划至今已近 3 年，很多专家学者在充分的交流与研讨中贡献了真知灼见，为丛书的编辑出版提供了宝贵建议。在此，我们对所有参与课题调研、交流研讨的专家学者以及众多编者、作者表示感谢。

"让城市留住记忆，让人们记住乡愁。"北京中轴线的整体保护与传承，不仅是推进全国文化中心建设的重要举措，更是我们这一代人的历史责任与使命。只有正确认识历史，才能更好地开创未来。要讲好中轴线上的中国故事、传递好中国声音、展示好中国形象，使这条古都的文化之脊活力永延。我们希望"北京中轴线文化游典"的问世，能让历史说话，让文物说话，让专家说话，让群众说话，陪伴您在游走中了解北京中轴线的历史文化内涵，感知中轴线上的文化遗产，体验首都风范、古都风韵、时代风貌，不断增强文化获得感，共筑中国梦。

李建平
2021 年 4 月

目　录

前言　历久弥新的昭示　　　　　　　　　　　　　　　／001

第一辑　大栅栏斜街里香远益清　　　　　　　　　　　／001

梅兰芳：以勤补拙终成大业　　　　　　　　　　　　　／003

谭鑫培：四海一人声名如雷　　　　　　　　　　　　　／013

杨小楼：养嗓面壁平地惊雷　　　　　　　　　　　　　／021

戴月轩：湖笔写尽百年春秋　　　　　　　　　　　　　／026

新凤霞：大师引路走向新生　　　　　　　　　　　　　／031

第二辑　南北长街六百岁风流云散　　　　　　　　　　／041

明英宗七年囚禁地，清乾隆御赐普度寺　　　　　　　　／043

北平特别市市长——何其巩　　　　　　　　　　　　　／046

林长民言传身教富养女　　　　　　　　　　　　　　　／050

靖奎：百岁剃头匠，京城活化石　　　　　　　　　　　／055

林海音的"城南旧事"	/ 059
第三辑　地安门百年间群英荟萃	/ 063
张之洞：光芒燃尽，黯然谢幕	/ 065
"帝师"庄士敦的中国情结	/ 070
婉容：末代皇后命不由己	/ 080
民国代总统冯国璋	/ 087
陈宗蕃与《燕都丛考》	/ 092
文绣：敢与"皇上"叫板——离婚	/ 097
陈垣：九十一年璀璨人生，七十四载杏坛生涯	/ 104
胡适在米粮库胡同的日子	/ 115
傅斯年的真性情	/ 123
陈半丁：留却人间思断肠	/ 131
皇族毓逖的"杠房"	/ 139
朱光潜的"无言之美"	/ 143
"中国的拜伦"梁宗岱	/ 152
陈布雷的女婿和女儿	/ 160
至情至性朱家溍	/ 164

冯友兰的"迂腐"与睿智	/ 170
启功,"姓启名功字元白"	/ 176
"藏"在胡同里的"洋八路"	/ 183

第四辑　南锣鼓巷历久弥新,英才辈出　/ 191

僧格林沁:骁勇善战的八旗军	/ 193
前人奎俊"栽树",后人顾孟余乘凉	/ 196
溥仪的姥爷——荣禄	/ 200
"民国第一外交家"顾维钧	/ 204
王国维留下疑问在人间	/ 210
腊库胡同:徐志摩北上求学路	/ 215
中法大学校长李麟玉	/ 222
江绍原与周家的不解之情	/ 226
抗日爱国将领——赵登禹	/ 231

第五辑　什刹海,数不尽风流人物　/ 237

涛贝勒爷的新生	/ 239
"清末首富"盛宣怀	/ 244

莫家人才辈出，薪火相传	/ 247
护国元勋蔡锷与小凤仙	/ 250
沈从文："北漂"之华丽转身	/ 255
张自忠战死疆场，大爱无言赢旌表	/ 263
梁漱溟：心底无私天地宽	/ 268
"民间收藏第一人"张伯驹	/ 274
风流倜傥叶公超	/ 280
侯宝林难舍真情话分家	/ 285
参考书目	/ 291
名人故居之旅	/ 293

前 言

历久弥新的昭示

本书的写作过程，也是我学习的过程。夜深人静时，我会心驰神往，沿着北京中轴线，从南到北、由东至西，寻访拜会沿途各位名人大家。在搜集材料、甄别考察中，在与名人大家的真情"对话"中，我常被名人大家的非凡人生触动，时而涌出莫名伤感的泪水。

清末民初以来，在中轴线沿线上居住的名人不仅有各行业精英、社会名流，还有一些叱咤风云的政治人物。特别是在晚清民国社会动荡的历史时期，国家遭遇苦难，社会矛盾激化，多少有志青年为寻求救国救民之真理，抛头颅，洒热血；更有谭嗣同"我自横刀向天笑，去留肝胆两昆仑"的豪迈与激情。在失败和挫折中，一些有识之士先后走出国门，学习西方先进的科学文化知识，成为促进中国近代化进程的栋梁之材。

有多少豪杰曾在北京中轴线周边工作或生活，为了实现国富民强，留下了永恒的瞬间，其故居成为今日的历史遗迹；更有在名人大家的背后，那些默默无闻的平头百姓，他们生于斯，长于斯，各司其事，为古城添彩，是不是名人的"名人"；正因为有了这些老北京做"土壤"，方加深了中轴线上的"板凳"深度，他们也是历久弥新、沁人心脾的馨香瓣瓣。

厂桥地区房管所工程组长蓝宝，曾住在地安门西边不远的恭俭胡同。2013年，已经八十多岁的蓝老爷子深情地与笔者回忆说："我是1947年到北平来做学徒，我师傅家就在鼓楼后斜街。新中国成立后，我进了房管所，又一直在地安门、什刹海一带修房、盖房，对这里的一砖一瓦特别熟悉，也特别有感情。"

还有住在雁翅楼后身小胡同的董翰堂老人，曾是国民党军队少将军医处长，参加过台儿庄战役。后来他随傅作义部和平起义，被安置在空政文工团医务室。1975年董军医退休以后，坚持每天在街道"红医站"义诊。不仅分文不取，还自费购买药品送给患者。那个年代，董军医家是胡同里唯一有电视机的人家。因此，他家每天晚上都坐满了"观众"，直至荧屏上显出"再见"，街坊们方意犹未尽地散去。在那个精神生活十分贫乏的年代，董军医无论冬夏和春秋，天天准时"开演"，其大爱之心非常令人感动。

这些不是名人的"名人"，早已在岁月的长河中流逝而去，甚至逐渐被人淡忘。但他们同样值得我们怀念。我们今天正在做的事情，就是要记录历史。正如鲁迅先生所言，他们是"中国的脊梁"，是中轴线上不可或缺的文化之魂。

谁也不是生下来就是名人的。名人之所以称名人，有的是因为

前言

在国家出现危难之时，挺身而出，为国效力，不惧生死，他们是我们心中的偶像，是真的英雄；有的是因为在各自领域取得成就，令人崇敬；也有的只是在历史瞬间机缘巧合，所作所为引人关注……作者即使用尽浑身解数，也难以将他们的精神面貌和人生状态全面呈现，做到"纤毫毕见"。囿于字数，本书侧重写名人的至情至爱，写身处动荡社会中人性的光芒和弱点，展现名人对爱的追求和坚守，弘扬人间真情。我想，这样可以给读者以亲切感。

抗日名将张自忠战死沙场后，其妻子李敏慧绝食七日追随丈夫而去，真可谓"大爱无言赢旌表"。

著名美学家朱光潜临终前几日，趴在地上向书房"蠕动"着身体，面对家人的劝阻，他喏喏地说，要赶在死前把《新科学》的注释部分完成。

文史大家朱家溍，无偿向国家捐献价值过亿元的文物字画；但当自己的老伴生病后，却欠下几万元医药费。朱家溍即使靠临摹古画还债，也不向所在单位故宫博物院（也是接受捐赠单位）提一星半点的个人请求。

一代哲学大师冯友兰，在八十岁高龄口授《中国哲学史新编》。他在生病住院时说："我现在是事情没有做完，所以还要治病。等书写完了，再生病就不必治了。"果然在这部大作写成四个月后，他便安然离世。

还有许多感人肺腑的名人故事片段，还是请读者拨冗来品读吧。

拜谒前辈大家，仰慕他们的道德修养、崇高境界，借用诸葛亮《出师表》中的话，"临表涕零，不知所言"。总之，将名人最普通、最真实和最感人的一面呈现给读者,是我写作本书的初心所在,期待着读者能够接受和喜爱。

最后要说的是,7.8千米长的北京中轴线,蕴含着中华民族深厚的文化底蕴。它承载着老北京的过去与荣光,是北京人心中的骄傲。它处处闪烁着璀璨的光芒,成为一道亮丽的风景线。在本书的各个章节中,都镶嵌着"成色"不同、"品相"上佳的钻石。它们默默地等待着人们来品鉴。

您若是得闲儿,也请您沿着中轴线从南到北走一回,定让您不虚此行。

吴雅山

2020年8月3日于官厅镇水关村

第一辑
大栅栏斜街里香远益清

梅兰芳：以勤补拙终成大业

梅兰芳（1894—1961）是中外闻名的戏剧艺术大师，他的艺术造诣无人能及、令人心生羡慕。但当你了解了他的童年往事，以及拜师学艺的成长过程时，便会理解"勤能补拙"这个词的释义，进而更会有不一样的感慨和钦佩。特别是他在名扬中外后，其所作所为，更是令人感动。

光绪二十年（1894）10月，梅兰芳在前门外铁树斜街101号降生了。祖父梅巧玲是徽班进京后使徽班演唱的徽调、昆腔衍变为京剧的十三位奠基人之一，是声名显赫的京剧表演艺术家。父亲梅竹芬承其父衣钵，演青衣和花旦，其唱法和长相与梅巧玲极为相似，然而天妒英才，正当他在舞台上大显身手之时，却不幸英年早逝。那一年，梅兰芳刚刚四岁。

因梅兰芳的大伯梅雨田膝下无子，所以幼小的梅兰芳兼祧两房，

梅兰芳十六岁时照

与母亲杨长玉相依为命，仍旧在梅家与祖母、伯父、姑母等人共同生活。正值清末庚子年（1900）间，其母杨长玉二十四岁，为躲避兵匪，每天将煤炭灰胡乱涂抹在脸上，守着梅兰芳藏在家中，闭门不出。由于社会动荡，梅家长时间入不敷出，生活拮据，所以将梅家

第一辑　大栅栏斜街里香远益清

前门外铁树斜街

老宅卖掉，搬到了大栅栏地区西南部的百顺胡同。一家老少八口人，只好挤在三间小平房里。杨长玉住在这么窄浅的院子里，时刻大气不敢出，担惊受怕，总感觉外国兵会随时闯进家门。后来，她还是带着梅兰芳回娘家住了。

名人 | 遗范长存

梅兰芳（右）舞台照

　　梅兰芳的外祖父杨隆寿，也是著名的皮黄戏演员。他深知孤儿寡母生活不易，为了梅兰芳母子的安全，将女儿和外孙藏在存放道具的小屋里，自己整天守着院门。一天突然闯进几个外国兵，杨隆寿挺身而出,将外国兵挡在身前。因外国兵持枪恐吓,致使其精神恍惚,不几日便撒手人寰。因此,杨长玉只得领着梅兰芳再次回到梅家。不久后,她便因病卧床不起,抑郁而终。那年,梅兰芳仅十五岁。

梅兰芳常回想在与母亲相依为命、寄人篱下的辛酸日子里,母亲所给予的温暖和

《生死恨》梅兰芳饰韩玉娘

呵护。特别是在他八岁那年,梅家将著名小生朱素云的哥哥请来,为梅兰芳说戏开蒙。那时的梅兰芳少不更事,守在母亲的身边撒娇耍赖,根本不知道勤奋用功。四句老腔,朱先生教了多日,他还不能上口,把朱先生气得怒吼道:"祖师爷没给你这碗饭吃……"从此,朱先生一去不回。他的姑母则送给他八个字"言不出众,貌不惊人"。大伯梅雨田不仅没有好脸色,而且经常罚他不准吃饭。

九岁那年,梅兰芳正式拜师吴菱仙学青衣。他不仅仍旧不知努力,而且被认为天分不够,反应迟钝,不是唱戏的料。但吴菱仙念及与梅家多年世交,而今梅家正值家道中落,且每况愈下。所以,

梅兰芳与老师吴菱仙

他要尽快让梅兰芳走上舞台,拿到戏份维持生计。对此,梅兰芳在回忆中十分感激地说:"我能够有一点成就,还是靠了先祖一生疏财仗义,忠厚待人。吴先生对我一番热忱,就是因为他和先祖的感情好,念及故人,才对我另眼看待。"

直到那时,没了父母的梅兰芳,才真的知道用功努力了。在《梅兰芳回忆录——舞台生活四十年》中,记有他姑母的话:"他幼年的遭遇,是受尽了冷淡和漠视的。生活在阴森的气氛当中,从家庭里得不到一点温暖。在他十岁以前,有一个时期,几乎成了一个没人管束的野孩子。"梅兰芳没有灰心,苦练基本功,以勤补拙。他总是这样要求自己,人家练十遍,他就练一百遍,不信学不会。再加上师父吴菱仙对他严格要求,以教育梅兰芳成名为自己的心愿。少年梅兰芳就是以咬紧牙关吃苦勤练的方法,终于闯过了台词关、表演关。特别是在学习青衣的基本动作时,要求必须准确到位,只有靠长时间的反复训练,才能做得丝毫不差。

梅兰芳成名之后,在《谈谈我的从艺道路》中说:"学戏的时候,也可能有什么特别的窍门和终南捷径。我今天可以老老实实地告诉大家,我既不比别人聪明,在学习上也没什么窍门,更不知抄近路。也许可以这样说,我的不抄近路,就是我幼年学艺的窍门。"当然,不抄近路,固然可以说是梅兰芳"幼年学艺的窍门"。此外,由于他出身于梨园世家,子承父业,代代相传,祖父梅巧玲所积攒的人脉,也是他拜师学艺成功的关键。

1912年,当时名声大振的谭鑫培已经六十五岁,而梅兰芳只有十九岁。一个功成名就,一个初出茅庐,二人相差两个辈分。但谭鑫培却亲自点名梅兰芳同演《桑园寄子》。原因大致是:首先是戏路一致;其次是谭鑫培与梅兰芳的祖父梅巧玲同为"京剧奠基十三人"之一,祖上渊源颇深,有"传帮带"的情分和义务。同行的人都知道梅巧玲的孙子梅兰芳,学戏比较慢。所以,谭老板能与梅兰芳同台,在学戏者中,是极少人能享受到的最高待遇。

梅兰芳小时候视力不太好,眼珠转动也不灵活,可是京剧最讲究眉目传神。于是,有高人指点其养鸽子,说看鸽子在天空飞翔能够锻炼眼神。于是,梅兰芳在学戏之余养了几十只鸽子。为此,他还遭到家人的误解,说他不务正业,玩物丧志。

梅兰芳每天早起放飞鸽子时,总是仰望天空,目光紧紧追随鸽子飞翔的踪影,坚持不眨一下眼睛。经过一段时间的训练后,他的目光越发明亮有神了。通过养鸽子,梅兰芳也有了自己的心得。他说:"再如养鸽子一件事,表面看来好像与演戏无关。我起初也只是为了爱好才养它,后来才发现我的眼神是从养鸽子锻炼出来的。"

人们都说:"梅兰芳的眼睛最能传达人物内心的细腻感情,一颦一笑,秋波流转,光彩照人,无与伦比。"但这些都是他通过多年来不断的努力和实践积淀而成的。梅兰芳最终集京剧旦角艺术之大成，熔青衣、花旦、刀马旦于一炉，创造出的独特的表演形式和唱腔，世称"梅派"，他成为真正大红大紫的"角"。

梅兰芳成名后待人谦恭和善，他总是说："对于同行要包容一点，不要太较真。"梅兰芳的徒弟舒昌玉回忆说，梅先生是那样说的，也是那样做的。他对剧团里的人都很关心和宽容。有一次，在上海中国大戏院，他一个人赶两个角色。头场戏梅先生饰演的东方氏第一场戏戴孝，但没有戴头面，二场戏换上头面后，在场上唱戏的梅先生头上的插花突然掉了一个，梅先生见状不慌不忙，做了一个很优美的动作把花捡起来又插上了，赢得了观众的叫好。梅兰芳回到后台，负责插花包头的顾宝森师傅，非常惭愧地跟梅先生道歉，连声说对不起。但梅先生不仅没有责备他，还宽慰他说没事，自己还多得了一个彩呢。

剧作家黄宗江在一篇文章中，回忆自己某日和梅兰芳、黄裳、黄永玉在西单"好好食堂"吃饭的往事，"又只见梅径入厨房，向厨师道乏……梅就是如此谦逊、念旧，其风格生动，洋溢在好好食堂，真想为之叫好啊！"后来，黄宗江才知道，梅兰芳和周大文（"好好食堂"掌柜）是故交，周大文后来经商。周大文酷爱京剧，当年两人都曾跟着京剧名家王瑶卿学习青衣。周大文早年间工青衣，常常粉墨登场，曾和南铁生、乐元可、高联庆等同台，还曾和小说家张恨水同台演出《三堂会审》。周大文亲生女儿刘长瑜（随母姓），也是著名的京剧演员。

章诒和撰文称赞说，梅兰芳的一个秘书因故坐牢，撇下妻儿老

第一辑　大栅栏斜街里香远益清

梅兰芳与夫人福芝芳

小没人管。梅兰芳就将秘书的家眷叫来，问清了情况，后对夫人福芝芳说，以后每月给他们生活费，直到孩子长大。然后又对秘书的家眷说，什么都别想了，好好把孩子带好。这就是梅大师令人称道之处，他懂得人间冷暖，富有人情味儿。

梅兰芳的儿媳屠珍回忆说："那时候很多朋友来家里看望我公公（梅兰芳），我纳闷我公公为什么那么爱跟客人握手，我婆婆（福芝芳）说，那是给人家钱呢。有些朋友生活窘困，我公公就用这样的方式周济他们。我婆婆明明知道，但从不阻拦。"有钱人不一定大方，但梅夫人是有钱人，而且为人大方。梅先生去世后，梅家依旧门庭若市。亲朋好友来了，梅夫人都管饭。

1951年，梅兰芳迁居护国寺街9号院。此院原为清末庆亲王奕劻王府的一部分。中华人民共和国成立后对该院进行修缮，梅兰芳在此居住了十年。在这十年间，国家和人民给了他很高的荣誉，以表彰他对戏曲表演艺术所做出的贡献。1961年，梅兰芳逝世后，周恩来总理提议在此地建立一座梅兰芳纪念馆。梅兰芳的亲人将家中珍藏的照片、剧本、纪念品等共3万余件文物资料捐给国家，作为馆藏文物。

1986年10月，由邓小平题写的梅兰芳纪念馆匾额，正式悬挂在梅兰芳故居的门额上。

谭鑫培：四海一人声名如雷

"四海一人谭鑫培，声名廿纪轰如雷。"这是百年前一代文坛骁将梁启超对谭鑫培（1847—1917）的赞誉。随着百年来京剧的发展和其对世界影响的扩大，"伶界大王"谭鑫培之名声，不仅没有消散于历史尘埃之中，反而更加熠熠生辉，光彩照人。

谭鑫培故居位于前门外铁树斜街大外廊营1号，是谭鑫培于清光绪四年（1878）购置的。故居坐西朝东，原大门前有块木牌，上刻"英秀堂"三字。字体疏朗娟秀，据说是谭鑫培好友李毓如的手笔。

一百七十多年前，京剧"谭派"创始人谭鑫培从故乡湖北闯荡京城。他跟着父亲谭志道搭班子练功时年仅六七岁。之后，谭鑫培进小金奎科班学文武老生，一直默默无闻；直到二十岁后进长庆班，得到京剧大家余三胜的亲传，以及长庆班班主、京剧泰斗程长庚的器重，称赞其嗓音"甜美醉人"。凭借自身天赋和刻苦努力，以及

名人 | 遗范长存

谭鑫培与义子杨小楼合演《阳平关》

"众人捧材"，谭鑫培终于摆脱困境，在多年舞台实践中名声大振，并逐渐形成"谭门"一派。

谭鑫培在二十岁上下演《银空山》时，突然嗓子哑得唱不出声来。他无比难过，欲哭无泪。嗓子"倒仓"后，他不唱老生改演武生，最后沦为跑龙套。舞台失意，生活窘迫，谭鑫培只得到乡下去卖艺"跑野台子"。

孔武有力的谭鑫培能耍由少林寺高僧传授的"六合刀"，在搭不上班子的日子里，有人请他当保镖或看家护院。梨园曾流传过他的逸事，如在马兰镇演戏痛殴旗兵、在房山乡下蛰居时足踢窃贼、在史家护院以"六合刀"勇挫群敌等，江湖上的朋友都知道这个武艺不凡、豪气冲天的谭鑫培。他虽名声响亮，却难舍心中对京剧表演艺术的热爱。凭借个人意志和对京剧表演艺术的热爱，谭鑫培在为人看家护院期间，不顾辛苦，坚持起早练功，从而打下坚实的武功基础。以后，谭鑫培重回京城，加入三庆班，为程长庚配戏，并利用一切机会向老生名角余三胜、卢胜奎、王九龄等请教，集众人之长于一身，不知不觉在艺术表演上又进了一大步。

清光绪十六年（1890），摆脱了困境的谭鑫培声望如日中天。他被选进宫中唱戏，官称"内廷供奉"。这对他本人、对京剧的发展都是极为重要的一个节点。一次演出前，慈禧拿着戏单不认识"鑫"字，便开口说道，干吗要三个金，有一个金就够他花的了。从此，谭鑫培有了一个别名"谭金培"。但在宫外，戏迷们还是只认大名"谭鑫培"。

某日，谭鑫培在宫中演出《翠屏山》。慈禧看了以后，特别高

谭鑫培故居

兴,称他为"单刀叫天",并御赐他四品职衔。有一次,正逢慈禧大寿,宫中上演大戏《战太平》,谭鑫培在即将唱到"大将难免阵头亡"那句的时候,灵机一动唱成"大将临阵也风光"。慈禧听了很是高兴,当场打赏——至于谭鑫培临时"篡改"的唱词是否符合剧情,她是压根不在意的。

慈禧是戏迷,谭鑫培是她喜爱的演员,慈禧对谭鑫培有多偏爱,通过以下这两件"小事"可见一斑:

大家耳熟能详的事情是,一次谭鑫培生病了,很长时间没进宫演戏。慈禧生气地说:"这金福(谭鑫培本名金福)怎么回事?就算病好不了,不能当差,也该进来请个安啊。"谭鑫培只好让儿子背着

谭鑫培便装像

进宫请安，慈禧对他说："我不许你死，等病好了好好当差，我还要听你的戏呢。"说完，还赏了宫里的名贵药给谭服用。说来也奇怪，自从慈禧下令谭鑫培"不许死"之后不久，他竟然就真的痊愈了。

另一件事情是，在庚子年之后，朝政革新厉行禁烟，违令者科以重刑。谭鑫培烟瘾已深，戒之不去。一日传差，谭鑫培请病假缺席，慈禧询问是何病症，宫监说："正在戒烟，精神不好不能上台。"慈禧说，他是一个唱戏的，又不管国家大事，抽烟有什么关系？传他抽足了进来吧！并且命内务府传话地方官："以后不得干预谭鑫培抽烟。"那天，谭鑫培过足了烟瘾，进宫唱戏之后，慈禧特赏他一些大烟

《定军山》谭鑫培饰黄忠

土。从此以后,上上下下都知道,谭鑫培是"奉旨抽烟",谁也不敢管他抽烟了。

谭鑫培得到慈禧的赏识,成为大红大紫的"内廷供奉"之后,各王府宅门,对谭鑫培都另眼看待。各王府演堂会时一定要请谭鑫培到场,而且给他丰厚的报酬。

光绪三十一年(1905)秋,受北京丰泰照相馆老板任庆泰的邀请,谭鑫培在照相馆中院的露天场地,用胶片拍摄了京剧《定军山》中的"请缨""舞刀""交锋"三场戏。由照相馆的照相技师刘仲伦担任摄影师,前后拍摄共计三天,制作成电影胶片三本。该片是中国拍摄的第一部电影,曾在前门大观楼影院放映,当时万人空巷,人们交口称赞。

戏单

廖晓晴在其编著的《清代文化名人传略》中写道，谭鑫培是当时京剧界声望最高的代表性人物，但他的晚景却并不像很多人想象的那么富足如意。一方面，由于他在京剧界的地位，使得无论是营利性的演出，还是赈灾的义演，抑或前清遗老、军政要人、富商的喜庆堂会，都以能请谭鑫培演出为荣；另一方面，庞大的家庭开支，也使年逾花甲的他不得不应承更多的演出。为此，晚年的谭鑫培常面对应接不暇的演出，不止一次地慨叹："这是要我的老命啊！"

1917年4月，广西军阀陆荣廷进京，北洋军界为其接风，邀请谭鑫培参加在金鱼胡同的那家花园（今北京和平宾馆所在地）的欢迎演出。年届古稀的谭鑫培此前本已在家卧病静养，欲称病推托，却被持枪的军警强行带到那家花园。谭鑫培用尽全力演出了《洪羊洞》的后半出，以致在舞台上口吐鲜血，而根本不懂京剧，也不喜欢京剧的陆荣廷却在另一个院子里打麻将。最终，谭鑫培于同年5月10日在家中病逝，后葬于北京戒台寺，享年七十岁。

谭鑫培逝世后，其子谭小培搬进北屋。谭家自谭鑫培起，至谭小培、谭富英、谭元寿、谭孝曾共五代世居于此。1968年，在此居住了百余年的谭家搬出了这座老宅，现今该宅成为大杂院。

杨小楼：养嗓面壁平地惊雷

杨小楼（1378—1938）早年间住在杨梅竹斜街笤帚胡同39号，后搬至百顺胡同与梅兰芳为邻，最终落脚。他的父亲杨月楼与谭鑫培是结义弟兄。

清光绪十六年（1890），四十七岁的杨月楼在临终前，将儿子杨小楼托付给谭鑫培。从此，杨小楼拜在谭氏膝下为义子。当时，杨小楼只有十二岁。在进入科班学习期间，杨小楼身体发育特别好，个子高手臂长，并且身高还在不断地增长。但因他这样的身材无合适配演之人，加之他到了变嗓的时期，人们都觉得他不太适合演戏了。但杨小楼生性执拗，平日里练功学戏特别刻苦，总是暗地里给自己"添砖加瓦"。如此，虽然基本功扎实了，但演戏却难尽如人意。即使谭鑫培尽心栽培，还是不见太大成效。于是，有人就开始说风凉话，说他"戳"在台上，比英雄还高出一截子。这话传到杨

《青石山》杨小楼饰关平

小楼母亲的耳朵里,心里很不是滋味,就喊他来让他当面唱。结果一开腔,他母亲心里就凉了半截。他母亲和颜悦色地跟他说,叫他别上外面丢人去了,家里他爸爸留下的那点儿钱,够他们吃用。

杨小楼听了母亲的话,半天没吭声,内心里五味杂陈。他知道自己是怎么回事,但又不能公开违抗母命。于是,他暗自发誓一定要成角,不给母亲丢脸。针对自己的身高和嗓子的特点,他闷在屋子里不断地揣摩和研习,用心体会前辈留下的戏曲表演精髓。于是,他做出了常人难以做到的决定,"噤声"并"养嗓"。

翌日,他和妻子分房而居。他将自己独自关在屋里,遮挡上窗帘,"面壁思过"一百天。从此,家人从早到晚听不到他半点声音,纳闷他怎么变成哑巴了。生活中如需要与母亲或妻子沟通时,他都是用手势或形体动作代替语言。例如想吃饺子了,就做出捏圆的手势。要吃面条,双手一伸,做出抻面的动作。每天凌晨,出门练功;天刚放亮,他已经返回家中;下午去剧场看戏。站在剧场最后一排座位的后面,身体自始至终靠着墙壁观摩演出,俗称靠大墙。如此,不仅能聚精会神地看戏,

杨小楼便装像

而且能磨炼意志。

当年与其为近邻的梅兰芳回忆说，杨小楼那时每天总是黎明即起，不间断地到会馆戏台上练武功、吊嗓子。杨小楼练功回家的时间与梅兰芳出门上学的时间差不多。只要二人相遇，他就把梅兰芳抱到私塾。杨小楼大梅兰芳十六岁，梅兰芳在私塾上学时，杨小楼已在梨园火得不行了。

每天晚饭后，杨小楼都躲进没有光亮的屋子里，面壁自悟，苦思冥想父亲所崇尚的"奎派"艺术，在唱腔和表演上下功夫。他最大的收获是，针对自己的身体特点，悟出了一整套演戏中的步伐，解决了他在舞台上长步大脚的弊病。待到第一百天终于到来时，就听他在屋子里忽地断喝一声："嘚！马来……呀……"其声音如洪钟般敞亮，隔壁的家人都吓了一跳。杨小楼接着奔出家门，匆忙地跑到义父谭鑫培家汇报心得。

谭鑫培听了杨小楼的唱段，心花怒放，忙问究竟。待得知实情后，谭老板连声称奇，说自有梨园以来，他只听说过喊嗓、练嗓、吊嗓，还从没听说过"养嗓"呢。谭鑫培日后请来俞菊笙、张淇林两位名师，为义子传授了几出戏。杨小楼细心领会揣摩，并在北京、天津、上海演出时大获成功，成了家喻户晓的名角。

经过长时间的舞台锤炼，杨小楼独领风骚的"杨派"影响日益发展并扩大，使武生表演艺术步入辉煌的艺术殿堂。所以说，杨小楼成为承上启下的一代宗师，绝非偶然。

杨小楼的一生充满传奇色彩，尤其是他和慈禧太后的绯闻，一度成为人们的笑谈。有文字记载，杨小楼和谭鑫培一次进宫演出，戏演完后慈禧厚赏了他俩每人一百两银子,谭鑫培接过红包就交给义子杨小楼代为保管。有人看见了,心想别的演员都是一包银子,唯独给杨小楼两包银子。此事一经传开,加之别有用心的人添油加醋,就变成了慈禧与杨小楼有染的"桃色新闻"。杨小楼闻之压力很大,担心传入宫中,要掉脑袋。

出于避嫌,杨小楼身穿道袍,在天桥、前门和大栅栏手持拂尘,装成疯子。宫中见他疯癫,也就不传他进宫唱戏了。直到辛亥革命后,宣统退位,杨小楼才重返舞台。

1938年2月,杨小楼因庸医误诊,治疗后不久去世,终年六十一岁。

戴月轩：湖笔写尽百年春秋

一百多年前，戴月轩老店的创始人——戴斌（1880—1961），字月轩，出生于浙江省湖州市善琏镇。他自幼学习湖笔制作技术，技艺超群。1916年，他只身来到北京制作湖笔，并在前门外西南的杨梅竹斜街"安营扎寨"。出其家门沿斜街往西走，就是大名鼎鼎的琉璃厂。戴斌在此自立门户，"戴月轩"既是人名又是店名，在整个琉璃厂仅此一家。

当年戴月轩开业时的第一块牌匾，是曾任民国大总统的徐世昌所题写。如今，牌匾"戴月轩"是著名书画篆刻家陈半丁书写的碑体。大门口左右两侧，悬挂着现代书法家富察庄净先生当年创作的七言抱柱联："摇曳生姿缘斗管，使转得情在颖毫。"

2016年，戴月轩迎来它的百岁生日，它也理所当然地跨入"百年老号"的行列。"戴月轩湖笔制作技艺"已被列入北京市级非物质

戴月轩

文化遗产代表性项目名录。今日的戴月轩，依旧运用古老的制笔方式，于千万根毛中拣一毫。最贵的毛笔一支售价二十八万元，狼毫，笔头长近十一厘米。制作成这样一支笔很难，因为这么长的黄鼠狼毛非常稀有，仅攒黄鼠狼毛就要用七年时间。还有紫毫笔，笔毛取自野兔毛，在清代，一两紫毫就是一两黄金的价格，所以供皇帝专用。

戴月轩在整个制笔工艺流程中，有二百多道工序都是"选毛"。这是决定一支笔质量好坏的关键。用"精益求精、吹毛求疵"来形容，一点都不过分。如此特殊的制笔工艺，吸引了很多文人墨客。鲁迅先生曾到戴月轩来买过笔；齐白石、陈半丁为笔店画过画、题写过店名；梁启超曾为戴月轩写过楹联；何香凝女士还曾画《墨海图》赠戴月轩。

戴月轩创始人戴斌（字月轩）

戴月轩制作的湖笔

中华人民共和国成立以后,戴月轩为国务院办公厅专供湖笔。毛泽东、周恩来、彭真等人用的湖笔都由戴月轩笔店定制。在中南海菊香书屋和天津周恩来纪念馆都能找到印证。

由于制作工艺特殊,所以在看似杂乱无章的工作坊里,到处都排列着一排排的笔毛。不仅燠热难耐,在进黄鼠狼尾的时候,臊气弥漫,更加考验人的意志。

戴月轩第五代传人是王后显。他在1993年高中毕业后慕名进入戴月轩,二十多年来精心学艺,其技艺超乎寻常,毛笔在他手中似乎是有了生命。一撮羊毛放在眼前,他就知道是羊身上哪个部位的。一条黄鼠狼尾递过来,他能准确说出是产自辽宁还是吉林,并且还能辨别黄鼠狼是冬天还是秋天被断尾的、是公的还是母的。这其中的功夫，在制笔工艺中不可或缺。因为山羊、黄鼠狼、兔子甚至獾的毛都不一样，有尖，也就是所谓的"锋颖"。拿羊毫笔举例，没有一只羊身上的毛是一模一样的，但是制笔师傅必须要挑出长相一样的毛，做成一支笔。一支笔据说有一万根羊毛。挑毛的过程全凭手工。一般一位师傅一天只能挑出一支羊毫笔头用量的羊毛。在毛笔制作完成后，还有一个重要工序就是在笔管上刻上笔的品名、戴月轩的名号、馈赠祝福等。目前大部分笔店都是机器刻字，而戴月轩依然保持手工刻字。

戴月轩年销售十万支笔。国外顾客中，日本、韩国用户最多。三百元一支的狼毫笔，他们往往一次买走三十支。在电脑早已普及的今天，戴月轩这家做毛笔的企业历经磨难，百年不衰，蒸蒸日上，工匠精神必是最重要的原因。王后显跟着老师傅潜心钻研，很多东西他说只能意会无法言传，能言传的只有历史。

百年前制笔匠戴斌独闯京城，他也许没奢望能做出百年老店，但他一定是想用个人的名誉保住店的名誉。如今，老一辈的制笔人和用笔人都已逝去，王后显和戴月轩能传承的就是一种精神。这种精神看似微乎其微，但它让"毛"变成"毫"。

新凤霞：大师引路走向新生

新凤霞原名杨淑敏，小名杨小凤。新中国成立前夕，新凤霞跟着姐姐来到北平，在天桥尽南头南下洼子兴隆小客店落脚，开始了自己的闯荡京域的评剧生涯。

年轻时的新凤霞容貌美丽，嗓音甜美动人。新凤霞的女儿谈到自己的母亲时说道："母亲的出身，至今是一个难解的谜，我的外祖父母，并不是母亲的亲生父母，两位老人对此讳莫如深，直到去世时仍然守口如瓶，因此连母亲自己也不知道真正的父母是谁。她的来历到底是怎么回事？被卖的？走失的？被人拐带的？这些都无从得知，只有一点是清楚的：她是随着一群孩子从苏州过来的，当时好像还不到三岁，这是母亲从养母家的堂姐处听来的。常人道，苏杭出美女。母亲是一位人所共知的美人儿，单从这一点看，这个出处似乎不会错。"新凤霞成名之后，找上门来自认是她的父母和亲戚

新凤霞主演评剧《刘巧儿》剧照

的人很多。有一次,一个追上门来认亲的老太太甚至惊动了警察。于是著名作家老舍先生为这位约生于1927年、原籍苏州、身世不明、生日不明的新凤霞,精心设计一个切合实际的身世:定生日为农历腊月廿三,自幼被拐卖到天津,被一对姓杨的贫民夫妇收养长大。为了糊口,拜北派京剧武生大师李兰亭之妻、"堂姐"杨金香学习京剧基本功,时年六岁。从此,新凤霞算是有了自己的出生年月日,以及自己辛酸坎坷、不平凡的身世。

在新凤霞的记忆中,当年(1948)她从前门火车站下了火车,一路经过前门大街、珠市口，直到天桥，看到的都是破破烂烂的小平房，感觉北平并没有想象中的那么好。特别是每天演评剧的小桃园、万盛轩等地，更是环境脏、乱、差的典型。加之当地的地痞流氓、军警宪特对常欺负这些以卖艺为生的艺人，使得这个刚闯荡江湖的小姑娘，时刻都提心吊胆，惶恐不安。

1950年，中华人民共和国成立之后的天桥，虽说在各方面都有了很大的改变，但欺行霸市、敲诈勒索的行为却仍有发生。从十四岁起就在台上唱主角的新凤霞，心里总有个解不开的疙瘩，那就是在旧社会评剧被看成是地方小戏，不能登大雅之堂。1949年后，人民当家做了主人，但评剧艺人的地位并没有得到根本改变。比如，天桥是南城穷苦人娱乐的地方；从珠市口往北的前门大街、东西长安街等地方，所有的剧场都是有钱人的乐园，根本就没有评剧的位置。新凤霞想不明白，为何评剧艺人总是低人一等。

新凤霞从来就是个不服输的人，为了给评剧争口气，争取观众的信任和爱戴，她告诫自己在台上唱的戏必须站得住脚，绝对不能为了取悦观众，去唱那些乌七八糟的东西。但她刚来北平在万盛轩演出时，人们并不知道新凤霞的大名。只是按照万盛轩以往的规矩，交一毛钱入场费，中间打小鼓的时候再给点钱，跟侯宝林的相声里说的差不太多。

即便如此，在出演传统古装戏时，她不仅要向京剧老大哥学习，唱戏的基本功要扎实，唱、念、做来不得半点含糊，还要有评剧自己独创的特点和风格。如此，才能赢得观众的欢迎和喜爱。当时在天桥这个小戏园子，舞台都是土台子，台上若热闹起来，暴土扬场。

但叶剑英市长、聂荣臻市长、陈毅元帅等领导来看戏,都是和普通观众坐在一起,新凤霞心中那点怨气也就没了。她看到共产党这些大干部那么平易近人,很受教育和感动。但她感动之余还是期盼着,要是能够早日将这个小戏园子重新修建该多好啊!

其实真正使新凤霞获得新生的并不是戏园子,而是展现社会主义新时代的新剧目。由于演出的剧目陈旧,新凤霞依旧窝在天桥不为人知,是作家赵树理偶然发现了这个很有才华的年轻演员,就主动送给她《小二黑结婚》的剧本,结果演出后大获成功。此举不仅使新凤霞大红大紫,而且走出了天桥,到首都各大剧场,甚至到怀仁堂去演出。此后,她又接连演出了《祥林嫂》《艺海深仇》,直到演出了《刘巧儿》之后,新凤霞就已经是全国闻名的评剧演员了。

新凤霞感慨着,真是新旧社会两重天。如果还死抱着旧剧目不撒手,不推陈出新,就没有新凤霞的今天。在这些大事好事的鼓舞下,剧团改为民营公助,还选举新凤霞当团长。她很快带领大家演出新排演的现代戏。但问题是,这些现代戏如何让现代人来捧场并喜欢,如何争取年轻人看评剧成为主要议事日程,在作家学者吴组缃、侯仁之、老舍的精心策划下,送戏上门,成为当时最为切实可行的办法。

在吴组缃、侯仁之的热情帮助下,新凤霞的剧团去北京大学、清华大学演出,条件是管接送、管一顿饭,因为学生读书很清贫。为了普及评剧艺术,让人们了解评剧,改变人们对评剧的世俗观念,评剧团的演员们异口同声地说,送戏上门,咱们不图钱,只要争取到大学生看戏,这就是大好事。结果在清华大学大礼堂,连演了三

第一辑　大栅栏斜街里香远益清

新凤霞生活照

场。校长在讲话中表示了热烈欢迎，说这是清华大礼堂头一次演出评剧，使师生们了解了评剧艺术。

连新凤霞自己都没有想到，他们这个身在天桥的小评剧团，竟然在清华大学唱红了。如此，北京大学、北京师范大学听说以后，也争先恐后地包场看戏，不仅管接送、管吃一顿饭，而且还给一点辛苦费。虽说不多，但参加演出的所有人员平均分配，每人一份。这充分体现了新凤霞热爱评剧、推广评剧的真情，而不是以大牌自居，以赚钱为目的。有了送戏上门，人们对评剧有了认识和了解，随后在天桥便常常能看到大学生专门来看戏，小土台子下面坐着的观众群中有了明显的变化。观众来了，剧目也新了，但小戏园子的小土台子却是依旧。长条木凳子、铁棚子罩顶、八面透风的围墙，令新凤霞从心里感到对不起大老远赶来的观众。特别是夏天，太阳晒在铁罩棚子上，小剧场里面像蒸笼一样，老实坐着都一身汗，更别提在台上演戏了，演员时常因中暑而晕倒在台上。台下的观众就送西瓜、清凉油、人丹，还有送冰镇汽水的，感动得演员醒来之后，吃片消暑药，麻利儿上台赶紧把戏接着演完。大学生观众对此非常感动，感觉自己的学习环境太好了，拉着演员们的手说："你们演戏这么辛苦，我们要多来看评剧。"

其实在土台子上演戏也有好处，那就是观众和演员台上台下经常打成一片，互动交流。有一次演的戏中有婆婆虐待儿媳妇的情节，有位老大娘跑上台来，大骂黄世仁家的恶婆婆："太可恨了，打这个母夜叉！"还有一次演《白毛女》，地主黄世仁欺负喜儿，跳上来两个观众扬胳膊就要打饰演黄世仁的杨星星，好在被大家及时拦住了。

再以后,政府要在天桥修建天桥剧场,政府还把新凤霞他们这些在小戏园子里演出的演员召集起来开会,给他们看图纸,讲解剧场建设的构想。当时可把这些艺人高兴坏了,这真是做梦啊,要去大高楼里演唱评剧了。新凤霞感慨地说:"盼着再多活几年,再多唱几年吧!"

1953年,天桥剧场竣工,新凤霞在这座现代化大剧场内演唱了她的代表作《刘巧儿》。

作家老舍不仅为新凤霞设计了切合实际的身世,而且还为她的婚姻大事操心。在老舍的介绍下,新凤霞与吴祖光相识、相爱,并于1951年9月在南河沿欧美同学会举行了婚礼。郭沫若是证婚人,

天桥剧场

阳翰笙是男方的主婚人，欧阳予倩是女方的主婚人，老舍是介绍人。还有金山、张瑞芳，以及从上海专程赶来的赵丹、黄宗英夫妇，大家共同祝福这对新人喜结良缘。

1957年，吴祖光被错划为"右派分子"，被发配到北大荒劳动改造。临行前，有人给新凤霞做思想工作，让她和丈夫划清界限，免得被吴祖光拖累。但新凤霞却是铁了心似的不动摇，说什么也接受不了这样的建议。心直口快的她当即表示："王宝钏可以苦守寒窑十八年，我新凤霞照样可以。"

老舍也鼓励新凤霞，说吴祖光是个好人，忠厚、实在，他们现在只是暂时困难，很快就会好起来的。他嘱咐新凤霞多给吴祖光写信，表达自己的真实思想，不会写的字就用符号代替，还可以借此提高自己的文化水平。之后，新凤霞就试着给丈夫写信。吴祖光接到妻子的信十分高兴，每次回信都帮助妻子改正错别字；还鼓励妻子说，不要有那么多想法，想到哪儿就写到哪儿。

新凤霞受到丈夫的鼓励，就坚持每天写信，有时一天写两封。这对于在北大荒劳动改造的吴祖光来说，真是莫大的精神安慰。三年的鸿雁传书后，吴祖光终于回到北京。新凤霞带着三个孩子在家里贴满有"欢迎"字样的剪纸，把家里布置得焕然一新，显得喜气洋洋。

1975年10月，新凤霞因患脑血栓而告别心爱的舞台。但自20世纪80年代起，新凤霞在丈夫吴祖光的鼓励下，边学习边写作，陆续写出了近三百万字的作品，有了《新凤霞回忆录》《艺术生涯》《以苦为乐》《我当小演员的时候》《新凤霞说戏》等书。在评剧之外

新凤霞在《花为媒》口饰演张五可

的另一个赛道上,新凤霞有了自己的用武之地,她用自己辛勤的文字,释放了心中积压的愤懑与不快,让自己浴火重生。对此,吴祖光评价说:"依我看来,一个自幼与文字绝缘、民间艺人出身的戏曲演员,有这样表现的,实在是前所未见。不仅空前,而且绝后;因为今后将不会再有这种类型的民间艺人了。她是我的妻子,我曾鼓励过她识字、读书,但是在短短的十几年里(指1975年新凤霞生病后),取得这样丰硕的成果,实在是我始料不及的。"

曾经与新凤霞合作过的著名导演夏淳评价说,新凤霞的艺术思想是很活跃的,这是演员的一个很重要的素质。新凤霞在这方面有突出的天赋,她又勇于接受新的事物,对别人的意见和建议,她不仅能接受,而且能很好地化用,这是非常了不起的。其实,在这些评价的背后,还有新凤霞对艺术创作刻苦钻研的精神。

第二辑
南北长街六百岁风流云散

明英宗七年囚禁地，清乾隆御赐普度寺

北京普度寺位于南池子大街（原名为皇城东苑），始建于明永乐年间（1403—1424），与紫禁城同龄。其原址是明代南城的洪庆宫的一部分。朱棣特意在这里为朱瞻基建了皇太孙宫。朱瞻基当上皇帝后，又对东苑进行了大规模的扩建，改称"南内"。

朱祁镇（1427—1464），即明英宗，明宣宗朱瞻基长子，景泰帝朱祁钰异母兄，明

明英宗画像

普渡寺西巷（王越提供）

宪宗朱见深之父。明英宗一生命途多舛，九岁登基，政权由太皇太后张氏（诚孝昭皇后）把持。他自己主政后，在"土木堡之变"后成为瓦剌阶下囚；被释放回去后，又被囚禁南宫七年。但朱祁镇的一生也十分传奇，尤其是他被俘后还能被无条件放回；在皇位被夺后，竟还能重新夺回来，确实令人称奇。

"土木堡之变"后，朱祁钰把明英宗朱祁镇囚禁在"南内"。后来"夺门之变"时，石亨等人拥戴朱祁镇复辟，又将其推上皇帝的宝座。

明景泰元年（1450）回到北京的朱祁镇，并没有受到应有的礼遇。在短暂的仪式之后，明英宗被软禁在"南内"，开始了为期七年的软禁生活。即便如此，朱祁钰还是不放心，将南宫的大门上锁并灌铅，加派锦衣卫看守，食物由一个小洞递入。由于食物时常被克扣，明英宗的原配钱皇后不得不做一些女红，派人带出去卖以补家用。朱祁钰怕有人与英宗联系，就将南宫的树木全部伐光，便于监视。

景泰八年（1457）正月十六夜晚，武清侯石亨、副都御史徐有贞、太监曹吉祥等人乘朱祁钰重病之机，潜入南宫，抬出朱祁镇，夺东华门而入，帮助朱祁镇复辟成功，史称"南宫复辟"，也称"夺门之变"。

五天后，朱祁镇再次登上皇帝宝座，改景泰八年为天顺元年。朱祁镇复辟之后，景泰帝一个月后就病死了。朱祁镇以亲王之礼将他葬在了北京海淀区玉泉山北麓的金山口，由此便使朱祁钰和下落不明的明惠帝朱允炆一样，成为明朝历史上两位未能被埋葬在皇家陵园的皇帝。

明崇祯十七年即清顺治元年（1644），清兵入关。统领数十万清军铁骑的是年仅三十二岁的多尔衮。入关后，多尔衮迅速迎顺治帝来京并定都北京。此时顺治帝年幼，军国大权均由多尔衮一人独揽，多尔衮被称为摄政王。多尔衮入京后，将明代"南内"即今天的普度寺，改建成睿亲王府邸。

多尔衮被定罪削爵后，该王府被废弃。康熙三十三年（1694），康熙皇帝下令将此府改为玛哈噶喇庙。玛哈噶喇为护法神，原由察哈尔蒙古的林丹汗供奉。林丹汗败亡后，玛哈噶喇被皇太极迎奉至沈阳。后来，乾隆又将此庙重新修葺，赐名"普度寺"。

北平特别市市长——何其巩

2000年12月,在国家博物馆举办的"百年回眸"大型图片展览上,有三张对北京这座城市做出过巨大贡献的人物图片。第一张就是何其巩,其他两张分别是陈独秀和李大钊。可见何其巩对北京市的贡献和地位。

何其巩是何许人?今天的读者可能已经知之不多了。概而言之,他是抗日爱国的西北军将领、社会活动家和教育家、民国首任北平市市长。在平津战役的关键时刻,他力劝傅作义"不要做民族罪人",为和平解放北平做出了贡献。因此,他是不该被历史遗忘的人。

1928年4月,蒋介石军事集团与冯玉祥、阎锡山及李宗仁军事集团结成军事联盟。6月4日,国民政府任命阎锡山为"京津卫戍总司令",全权处理北京的工作。北京改为北平,建立特别市,直属南京政府行政院。北京从此结束了被北洋政府统治的历史。

何其巩是安徽桐城人,早年就读于安徽桐城中学、安徽公学、江淮大学政法系。1928年出任北平特别市第一任市长（也是北京历史上首位市长）。当时他在北平尚未购置房产，乃和家人共同居住在中南海原清醇亲王载沣的摄政王府内（位于府右街北口路东），那里也是历任北平市市长的办公地点。何其巩上任伊始就宣布："财政公开，造就廉洁政府。"在他任职期间，市政府相关人员未发生一起贪污腐化案件。他还募集资金，改造了中央公园并易名为"中山公园"，成立了北京历史上第一个贫民救济机构"贫民救济总会"，制定了保护人力车夫的政策，在天安门前竖立孙中山先生的铜像，等等。

何其巩

何其巩任上最得民心之事是修建"三一八"惨案烈士公墓。他向南京国民政府提出建议，安葬"三一八"殉难烈士。在得到政府批准后，于1929年3月18日纪念日这天，在北京圆明园为"三一八"死难烈士进行公葬，并为死难烈士的家属发放抚恤金。此后，何其巩还在宣武区全浙会馆，亲自主持邵飘萍、林白水烈士的追悼会。

1929年5月，何其巩因病辞去市长之职，回安徽老家养病，其间曾任安徽省教育厅厅长等职务。

何其巩（左二）与司徒雷登（左三）

1933年，行政院北平政务整理委员会成立，何其巩出任委员兼秘书长。同年，何其巩购得北池子南口88号院，作为自己的私宅，在此生活和工作了十余年。

1935年，何其巩因与何应钦等亲日派人士产生矛盾，而辞去秘书长一职。不久，出任中国大学代理校长、校长达十年之久。

在中大主持工作期间，他借鉴当年蔡元培在北京大学实行的"兼容并包，思想自由"的办学方针，倡导"讲习自由"，学术气氛日渐活跃。他还积极支持进步教授和爱国学生的抗日救亡活动，划出五间校舍作为学生会办公场所，并供给油印机、笔墨纸张等宣传用品，允许北平市学联迁入中大办公。时任中大中共党支部书记的任仲夷后来回忆说："中大就像抗日战争中的解放区一样，成了北平学生运动的一个活动中心。"

1949年1月2日，北平解放前夕，何其巩将亲笔书写的条幅"山重水复疑无路，柳暗花明又一村"赠给傅作义。他对傅作义说："我们一道北伐，攻克平津，长城抗日，多少旧日同胞罹难殉国。北平这座古都，这么多古建筑，能够完整保存到现在，多么不容易！将军一世磊落，希望你流芳千古，不要做民族罪人。"他建议组建谈判代表团并开始联系谈判，傅作义接受了这一建议。在北平和平解放中，何其巩贡献了自己的力量。

中华人民共和国成立后，中共中央统战部副部长、中央人民政府办公厅主任齐燕铭，向何其巩转达周恩来总理的意见，希望他参加第二届全国政协工作。但此时他已身患重病，不能工作。

1955年10月17日，何其巩病逝，终年五十六岁。

林长民言传身教富养女

林长民（1876—1925），是民国才女林徽因的父亲，也是梁启超的儿女亲家。林家祖籍福建闽侯，林长民的父亲林孝恂是晚清翰林，堂弟林觉民是"黄花岗七十二烈士"之一。在清朝时，林长民考取了秀才，但后来在林氏家塾中学到了西方的现代知识。于是，他放弃了科举之路，选择了当时不为一般人所认可和理解的奋斗之路，并开始苦学西文，在清光绪二十八年（1902）得以赴日本留学。

林长民在日本进入早稻田大学，攻读政治和经济。清宣统元年（1909）回国，执教于福州法政学堂。他曾参与草拟《中华民国临时约法》，参与组织共和党并担任干事。1913年，他被推选为众议院议员，在担任秘书长期间参与将共和党与民主党、统一党合并为进步党，并任政治部部长，拥戴袁世凯为正式大总统。次年，任北京政府国务院参事。1917年7月，出任段祺瑞内阁司法总长。

林长民与爱女林徽因

1918年，徐世昌任大总统期间，十分赏识林长民的学识，邀其担任总统顾问。恰逢一战结束，为便于中外交流，北洋政府设立了外交委员会，林长民任委员兼事务长。1919年初，作为战胜国一方的中国派出了以外交总长陆征祥为首的五人谈判团参加了巴黎和会。对于巴黎和会，国内各方都很关注，希望在会上中国能扬眉吐气，能收回列强在中国的种种特权，特别是收回被德国强占的胶东半岛的主权。

为了配合中国代表团在巴黎和会上的外交努力，1919年2月，在林长民、梁启超等人倡议下，民间组织——国民外交协会成立，

陟山门街雪池胡同

该协会推举林长民、梁启超、蔡元培、张謇、王宠惠等十人为理事。此外，林长民还向徐世昌推荐梁启超担任中方巴黎和会代表团的会外顾问兼记者，打算凭借梁在国外的政治声望，与各国人士交流联络声援中国。林长民的所作所为，均得到徐世昌的赏识和支持。

1920年，林长民被政府派往欧洲考察，他执意带上十六岁的女儿林徽因，开始了长达一年半的欧洲之行。这期间，林徽因随父亲游历了欧洲多个国家,在英国伦敦居住时,受到女建筑师房东的影响,从此立志攻读建筑学。如果没有这次欧洲之行,也许林徽因的人生会是另一番情景。

林长民共有三次婚姻,林徽因有四个同父异母的弟弟。林长民的原配夫人因体弱多病,婚后不久就去世了,没有生育。之后,续弦出身富商之家的何雪媛为妻,何雪媛生下一男二女,但一男一女因病夭折,只留下林徽因。九年之后,林长民纳程桂林为妾,她生了四个儿子。或许因为林徽因是林家唯一的女孩,加之她漂亮乖巧,所以父亲林长民格外疼爱。

林长民曾说:"做一个天才女儿的父亲,不是容易享的福。"可见在他心里,林徽因就是一个天才。

1921年,林长民父女结束了欧洲之行回到国内,租住在景山公园西门的陟山门街雪池胡同2号。这里环境宜人,西边不远是北海公园东门,往东过马路则为景山公园。

当时,林徽因在上中学,无忧无虑、天真烂漫。由于林、梁两家父辈的关系,梁思成也经常来看望他们父女。林徽因、梁思成二人常在广栽柳树的湖岸漫步,谈天说地。健康、诚挚、文静的梁思成,也赢得了林徽因母亲的喜爱。

1924年,梁启超与林长民就梁思成、林徽因的婚姻大事商定,先将二人送到美国去读书。希望他们在既是同窗又是恋人的特殊关系中,能在学习上互相帮助、生活上互相照顾,以增进彼此的感情。梁思成、林徽因的婚姻,多少有些家长包办的色彩,他们两个人的心里都很清楚。

但世事难料，1925年，林长民因反奉行动在路上遭伏击，中流弹身亡。遭此变故，在美国读书刚一年的林徽因，不仅要承受丧父之痛，而且在经济上也顿时陷入窘境。

林长民突然遇难，并没留下多少积蓄。为此，林徽因打算休学一年，先去打工挣够学费。后来，还是梁启超帮助她完成了学业。此后，林徽因家的生活开销也是靠梁启超资助，包括林徽因的弟弟考入清华大学，都是跟着林徽因、梁思成吃住在一起。如今，人们称颂的"绝代双骄"，当年也是磕磕绊绊走过来的。

1927年，林徽因从美术学院毕业后，又进入耶鲁大学戏剧学院学习舞台美术设计。1928年春，她同梁思成结婚，后夫妻偕同回国，受聘于东北大学建筑系。其间，林徽因参加了由张学良出资发起的征集东北大学校徽图案大奖赛。林设计的"白山黑水"图案一举夺魁，赢得最高奖金。以后，林徽因协助梁思成完成了《中国建筑史》初稿，并用英文撰写《中国建筑史图录》，初步实现了他们在求学时代就怀有的心愿。

正是林长民对林徽因的培养，加之林徽因个人的不断努力，才使她有了后来的成就和名声。

林徽因1955年因病在京逝世。

靖奎：百岁剃头匠，京城活化石

在景山西街有条高卧胡同，胡同里曾住着百岁剃头匠靖奎，人称靖大爷。2006年，他因主演电影《剃头匠》，成为远近闻名的"明星"。这之后，靖大爷所居住的小胡同，便不断有媒体记者出入。还有些影迷，也前来一睹靖大爷的风采。

靖大爷曾经每天早上骑着小三轮车，走街串巷给人理发。有的老主顾，行动不便出不来门，靖大爷就上门给剃头刮脸，图个精神劲儿。有人跟靖大爷说："就您这刮脸的手艺，还不去找联合国'申遗'？"靖大爷笑着说："你别跟我这儿找乐子了，拿你靖大爷开涮是不是？……现如今，地安门变化这么大，我还想多活几年，多享几天福呢。甭管剃刀下那人的贫富贵贱，（我的）手法不变，劲道不变。"

生于1913年的靖大爷念过私塾，练过武术，学过唱戏，最后拜师学艺成了剃头匠。曾经为马占山、傅作义、尚小云、谭富英做过活儿（理发、刮脸）。用靖大爷自己的话说："人活着就是一个吃饭问题,只要不愁吃不愁喝,日子过得去就行了。但要以善心对人,多做点好事就能多活几年。想不通就是受罪,想通了就幸福了。"

20世纪50年代公私合营,靖大爷把理发店上交了,从此拿起了自己的剃头家伙,走街串巷,干活吃饭。

他的大女儿靖秀芬说,如今地安门那家火爆的干果店斜后身、西楼巷胡同东口,曾有座二层小楼属于自家。当年是一层门店、二层住人。之后,门店被收为国有。靖大爷心宽,遇事不愁,每次都能安然过关。靖大爷说,做人就不能太高傲了,心里得容得下人。

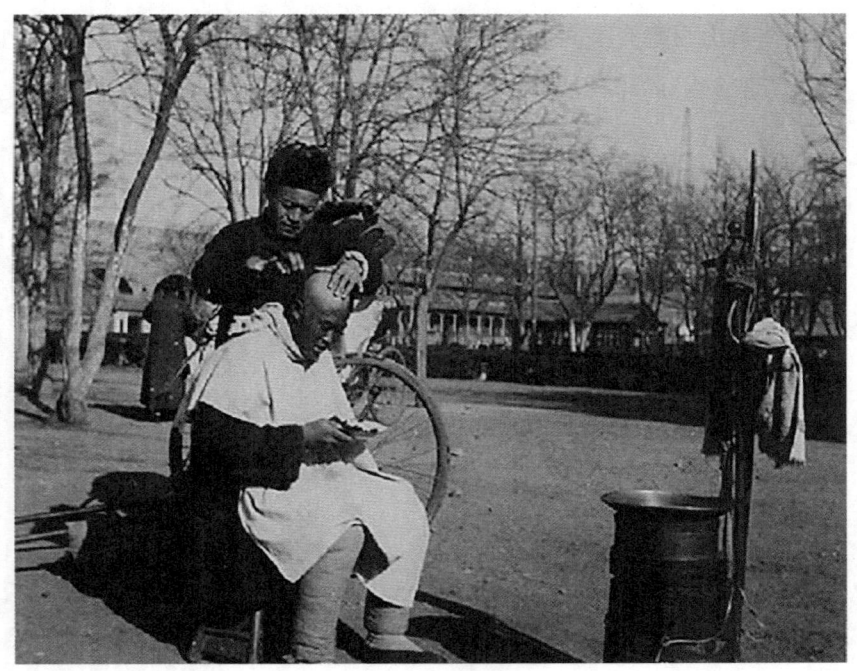

民国时期的剃头匠

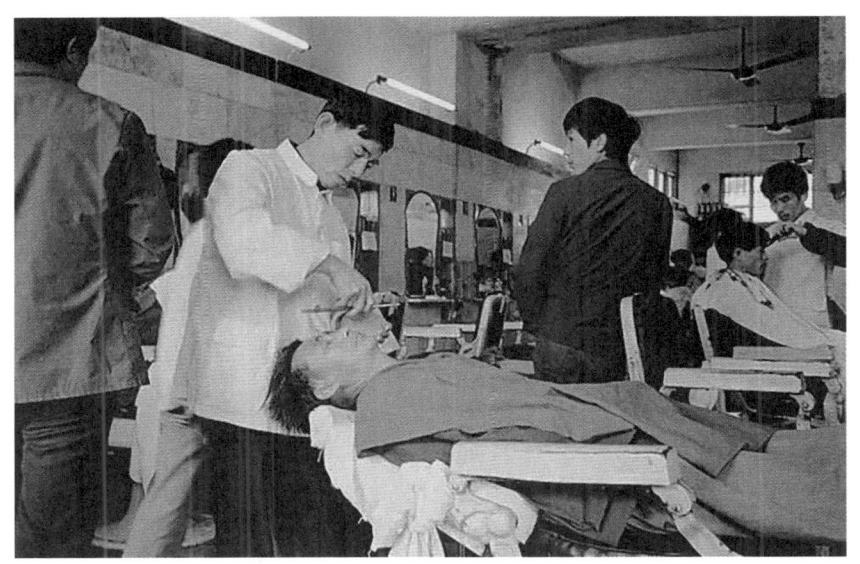

新中国成立后的北京国营理发店

古人说,"身体发肤,受之父母"。在清朝之前,并无剃头匠这一行业,因为剃头意味着不孝。剃头匠行业,是随清政府迫使汉人剃头的政策应运而生的。清顺治二年(1645)六月,顺治皇帝下旨,规定"全国官民,京城内外限十日,直隶及各省地方以布文到日限十日,全部剃发",强令汉人一律按满人习俗剃头梳辫,凡违抗者就地杀头。这便是所谓的"留头不留发,留发不留头"。京城地面广阔,虽四处设棚,仍不能及时让汉人剃去头发;朝廷又批准军中伙夫请领牌照,在各处街巷建棚或担挑子串户剃头,北京的理发业由此兴起。

20世纪50年代,理发店实行公私合营,下街的剃头师傅大多进了国营理发店，仅剩下些散兵游勇仍以走街串巷为人理发为生。这时的剃头挑子已简化为一只小小的布挎包，内装理发工具，只是"唤头"（用来招引顾客的响器）依然在手。下街师傅收费比理发店便宜，受到大杂院居民的青睐，常被他们请进院中，而顾客多为老人、孩子。一般是搬个凳子在院子里剃，然后顾客自己拿脸盆洗头。

靖大爷说，剃头匠干活时不能喝酒，不能吃葱、蒜等带刺激气味的食物。民间忌讳正月剃头，有"正月不剃头，剃头死舅舅"的俗谚。所以每逢正月，是剃头行业最惨淡的时候。人们一般都要到农历二月初二"龙抬头"之日剃头，图抬头兴旺之吉利。

靖大爷对剃头匠的理解和人生态度，令导演哈斯朝鲁有了创作的灵感。当导演找上门来，说是邀请老人家拍电影时，靖大爷顿时傻了眼，说道："你说什么，我都九十多岁了，拍电影？还要背台词？"靖大爷摆着手说："不是我不答应你们，是怕耽误你们的大事，我已经是有今儿个没明儿个的人了……"

最终，靖大爷还是答应了导演的邀请，在电影《剃头匠》中饰演剃头匠。结果电影拍完后先后在法国、印度等多个国际电影节上获奖。靖大爷一举成名，面对记者采访，他一脸幽默地说，自己是"新锈"，金字旁，生锈的"锈"。

一个传统的剃头匠，剃去的是现代人的浮躁、现代人的急功近利以及现代人对生活的奢求。从影片中，我们看到了北京人的豁达和幽默、恬淡和超脱……曾有专家看了《剃头匠》后写道："新北京的活化石，老北京的灵与肉。"

2014年，年过百岁的靖大爷平静地走了，景山西街的胡同里少了块活化石。

林海音的"城南旧事"

1983年,□国电影导演吴贻弓创作的电影《城南旧事》大获成功,在中外电影节上频频获奖。人们惊喜地发现,原来在北京破旧的胡同里,也有这样温馨感人的故事。从那时起,我们记住了这位作家的名字,她叫林海音,居住在台湾。但她的人生前半截,是在北京城度过的。

1923年,林家移居北京。初来乍到,林海音的父亲林焕

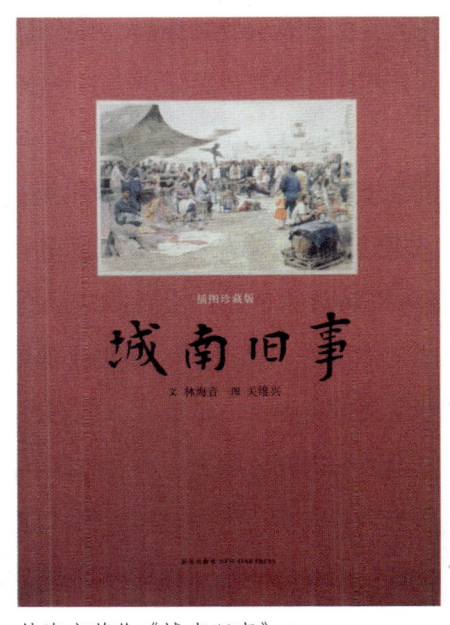

林海音著作《城南旧事》

南柳巷 40 号晋江会馆林海音故居

文东找西找,在北京城先后搬了九次家,最终在晋江会馆落脚。定居南城后,林海音在厂甸北师大附小读书。无忧无虑的她,对外面的世界充满好奇。

1931 年,林海音的叔叔林炳文,因抗日罪名被日本人虐死于大连监狱。林焕文为兄弟收尸后不久,由于身心俱疲,导致肺病复发,逝世于北京同仁医院,年仅四十四岁。那年,林海音十三岁,从北师大附小毕业。

经历就是财富,林海音在北平的生活经历对于《城南旧事》这样一部优秀作品的诞生具有极大的影响。那挥之不去的城南记忆,在"人言落日是天涯,望极天涯不见家"的惆怅中,都将化作美好和甜蜜的回忆。

抗战结束后,林海音和丈夫夏承楹从婆家搬至南长街28号。夫妻二人的新家是一所小三合院,南边是夏承楹的书房,北边是卧房,西边是厨房。林海音在房间里布置了缎面沙发、硬木矮几、仿古花纹的窗帘,地上铺着地毯,舒适宜居。院子里还有棵大槐树,树荫覆盖全院,到了夏天院子就是个天然的大凉棚。在这小院中,林海音在树影婆娑的碧纱窗前伏案写作。周末,林海音夫妇常带孩子到近在咫尺的中山公园去玩。

1948年,林海音和夏承楹带着林海音的妈妈、弟弟、妹妹及他们的三个孩子回到台湾。当飞机升空后,林海音在飞机窗口俯瞰北平古城,黄色琉璃瓦的紫禁城、绿色琉璃瓦的协和医院渐渐远去,心中五味杂陈。北平古都的风貌,早已经深深刻入林海音的心里,化作挥之不去的思乡情结。

弹指一挥间,故园一别已是四十五年。1993年,林海音赴北京参加"台湾当代著名作家代表作大系"新书发布会。因谢冰心、萧乾同为此套丛书顾问,林海音得以在1935年初访问冰心五十八年之后,二人再度会晤,实在是一段颇有纪念意义的"文坛佳话"。

1995年8月,林海音曾饶有兴味地忆述此次与冰心的重晤,她在《敬老四题》一文中写道:"回想我于1993年在北京去拜访她的那一幕,实在有趣,也认识这位幽默老人的可爱处。我到京的第二天便由中国现代文学馆的舒乙先生陪我去拜访四位老人(冰心、夏家老嫂子、老舍夫人、萧乾)。我和冰心说是初见,其实不然,半世纪前,我十几岁在北平《世界日报》做实习记者时就曾去访问过她,她那时正生小孩坐月子。我提起这事,她完全忘记了,一直追问我,到底是何年何月?生哪个孩子?我怎么说得出呢,便只好说:'我也老了!'谁知她听了便拍着我大笑说:'你呀!小意思!'惹得全屋人都笑了,我这'小意思'和大陆文艺界称为'中国文坛老祖母'的九六老人(所谓"九六老人",是指 1995 年林氏忆述时,冰心的虚岁年龄)大笑不止的时候,我的侄媳妇便给拍入镜头了……"

当年十七岁的林海音作为实习记者,对三十五岁的著名女作家谢冰心做采访。半个多世纪之后再度会面时,一位已是七十五岁的"台湾文学之母",另一位更是九十三岁高龄的"中国文坛老祖母"。此情此景,令人颇感岁月沧桑。

晋江会馆位于北京城南的一条胡同中,以前是给进京赶考的台湾人居住的会所。有人说《城南旧事》中的小英子就是林海音的童年记忆。其实,每个人的童年都有留下深刻记忆的情节,只是更多的人埋在心里罢了。

2001 年 12 月,林海音在台湾病逝。

第三辑

地安门百年间群英荟萃

民众市场 杨信绘

张之洞:光芒燃尽,黯然谢幕

张之洞(1837—1909),自幼禀赋聪慧、家教严格,十六岁中解元。同治二年(1863)二十七岁中探花,授翰林院编修,后历任山西巡抚、湖广总督、军机大臣等职,官至体仁阁大学士。清光绪十五年(1889),张之洞调署湖广总督,后以他的远见卓识、两袖清风的为官原则,以及对外开放的举措,使经济落后、封闭保守的武汉发生了翻天覆地的变化。其所做出的政绩,至今仍影响着武汉。

清光绪三十三年(1907)夏,

张之洞

名人 | 遗范长存

张之洞（左）与盛宣怀

张之洞奉旨进京，离开了武汉。这一年，他已经七十一岁了。张之洞进京后的府邸就在地安门外大街白米斜街11号。如今从白米斜街东口进入，则会看到一座与众不同的深宅大院。广亮大门前的上马石、八字门墙，以及大门对面矗立着的高大的青砖影壁，昭示着昔日院落主人的身份和地位。

清华大学建筑学院教授贾珺在《北京私家园林志》中写道：

"（张之洞）宅园格局宽敞，横跨四路院落，中路是住宅主院所在，设有四进院子，各有正房和东西厢房；东路院辟有花园，大门位于东南角，院中堆有一座假山，山上建有凉亭，山下曾经挖有一片很小的水池，旁边种植着繁盛的松柏花草。假山的北面是一座五间正厅，厅北为东楼五间（另有西楼五间）。"

据文字记载，光绪三十三年（1907），张之洞白米斜街的私邸并非新置，且略显陈旧。于是湖北善后总局专门拨款二万两白银，对该宅院进行了彻底修缮，并新建了二层砖木结构的观景楼。其前廊后厦，既可远眺地安门内的皇城，也可北望观赏眼前的荷花绿柳、钟鼓楼。从修缮旧宅的思路和结果，依稀可以感受到洋务运动的余温——中西合璧，花园洋楼。

当年，在张之洞病危中，摄政王载沣曾坐官轿至白米斜街，是为饰终之礼。此后，辛亥革命爆发，清朝走到了尽头。从此，这座风光显赫的深宅大院，随着社会的动荡和时代变迁，也在不断地更换着主人，被赋予了新的活力。

张之洞的三子张仁乐（字燕卿），20世纪30年代曾任伪满实业部大臣。1945年日本投降后，张燕卿因投敌伪满被定为汉奸，并被判刑，后被关押在北平监狱内。张家大院因而被查封。张之洞故居中的左院、右院及前院遂成为国民党高级要员的私宅。

20世纪50年代，我国著名围棋手过惕生在北京拜见国家副主席李济深时，提出筹建新中国围棋组织的建议。李济深对此深表赞同，旋即向周恩来呈交了报告并得到批复。当时，过惕生负责具体落实棋社选址等筹备工作。经过多地走访，最终看中了位于前海南沿3

白米斜街张之洞故居

号院的二层小楼（原张之洞家的祠堂）。在接洽后得知，这个院子是被查封的"敌伪财产"，有关部门表示不能启封。此后，经过自下而上的疏通，最终章士钊将报告面交毛泽东，并得到特别批准。从此，原张之洞家的祠堂成为"北京棋艺研究社"的诞生地。

当时"北京棋艺研究社"俗称"什刹海棋社",棋社中的"老会计"就是张之洞的儿媳龚安惠。我国著名围棋大师聂卫平,童年就在此学棋。聂卫平回忆说:"对龚安惠印象很深,她当时特别喜欢我,总给我留些好吃的。那个年代物质贫乏,就是几颗小枣都是好的。"

张家祠堂及小花园,坐落在张之洞故居最西边,其旁门正对着什刹海岸边。后来什刹海棋社搬出"祠堂"。据胡同里的老人们讲,当年曾与"祠堂"相邻而居的是前国防部长张爱萍,其故居也是张之洞故居的一部分。可见张家院落占地面积之大。

张之洞是一个很矛盾的人,有人说他是"救国精英",是最后一位洋务派首领。他修筑了京汉铁路,力排众议起用冯子材取得了镇南关大捷。他又"反动守旧",参与扼杀了戊戌变法,康有为和梁启超对他切齿痛恨。但张之洞生前又按'三不争'原则做人做事,即:一不与俗人争利,二不与文士争名,三不与无谓争闲气。这显示出张之洞的修养、胸怀和不凡。

著名地理学家侯仁之认为,张之洞故居是乾隆年间便已存在的老宅,其对于研究老北京四合院建筑,有很高的文物价值。

"帝师"庄士敦的中国情结

北京中轴线上，地安门内大街北端，路西有条不起眼的小胡同——油漆作胡同。胡同路北1号院，曾是末代皇帝溥仪的英文老师庄士敦的宅院。如今，虽然院内房屋已被拆除，但大门洞内的雕花青砖、藻井彩绘，昭示了昔日宅院主人的身份和待遇——"毓庆宫行走"、"赏坐二人肩舆"（二人抬的轿子）、"赐头品顶戴"……由此种种，不难感受到"皇帝"与"帝师"间的情谊。

庄士敦是中国历史上第一位也是最后一位拥有"帝师"头衔的外国人，这是源于溥仪要学习英文。自张勋复辟失败后，小朝廷内的人们都感到了极大压力。他们担心溥仪不能久居宫中，恐会失去"皇帝"头衔。倘若民国政府取消皇室的优惠待遇，那清室的余温就将彻底凉了。于是，李鸿章四子李经迈向载涛（溥仪的叔叔）建议，当趁此苟安时机，让溥仪学习英文和自然科学知识。一旦风云突变，出国留学，或去海外做寓公，也不失为上策。

载涛十分赞同为皇上聘请洋师傅，但宫中保守派对此反应强烈。

他们担心溥仪如果接触了西方的东西,就会对宫廷现状进行变革,因而触及自身利益。载涛最终说服了溥仪的生父载沣,又对溥仪的汉文师傅陈宝琛、朱益藩费了诸多口舌,还请出时任民国大总统,也曾经是溥仪的"帝师"徐世昌出面表态,方将台前幕后的人包括老太妃等说服。

庄士敦与溥仪和婉容

载涛早年曾经留学法国,以后多次出国考察并就任英国专使大臣。在与李经迈推荐的庄士敦面晤之后,载涛亲自出面与英国使馆交涉,聘请庄士敦为溥仪教授英文,并承诺享有"帝师"待遇,英方对此表示支持。

据历史档案记载,1919年2月22日,中华民国内务部许宝蘅和清廷内务府李钟凯出面与庄士敦签订聘用合同。合同的大意是:特聘请庄士敦为溥仪之帝师,教授英文、数学、西方历史、博物、地

名人 | 遗范长存

庄士敦与溥仪

理等知识，月薪六百块银圆，每月津贴一百块银圆，免费提供中式房屋一所，聘期三年，届满付与回国旅费。如双方同意，也可续约（合同到1922年期满后续约，至1924年溥仪被赶出紫禁城方终止）。

庄士敦原本住在安定门内张旺胡同。为了方便"帝师"上下班，"内务府"特意在紫禁城之北租下油漆作胡同1号，作为庄士敦的私宅。这是座三进的大四合院，宅院北部是花园，南部是住宅区。院中有水池、花围，正房、厢房三十余间，大多闲置，只住有庄士敦、管家和厨师等三人。在五间正房内，每间都有从地板到顶棚的大书架，每层都摆满了古今中外的各类书籍。庄士敦称自己是独身主义者，他说这些书籍如同他的妻子。

在庄士敦进入紫禁城工作不久，英国政府特授予庄士敦"高级英帝国勋爵士"勋章。这不仅令庄士敦本人喜出望外，也由此搭起了中英两国政府间的桥梁。回顾庄士敦的前半生，自爱丁堡大学和牛津大学毕业后，1898年经过激烈的角逐考入英国殖民部，最终成为在中国香港、威海卫的公职人员。其间，他广泛涉猎中国的经、史、子、集，并能说一口流利的广东潮州话和北京官话，自称是地道的中国通。所以，他毫无障碍地游历了大半个中国，瞻仰名山古刹，拜访高僧宿儒，了解中国的风俗文化。在踏上中国这片土地二十年后，他有幸得到李经迈的引荐、载涛的赏识，从此与中国结下不解之缘。

庄士敦确定进入紫禁城后，载涛又亲自将一匹自己心爱的、浑身黝黑却又长着白尾巴的珍稀马匹，送给他当坐骑，以示友好。从此，庄士敦不仅教授十四岁的溥仪英文，而且将西方的绅士礼节、生活方式甚至西方的思维都教给了"小皇帝"。他使自幼身居紫禁城的少年溥仪,在开阔视野的同时,也感到了自身的落后和愚昧。

溥仪审视自己头上的大辫子,如同"猪尾巴"般的丑陋。特别是庄士敦对"猪尾巴"的讥笑,使溥仪内心感到有些酸涩和自卑。于是,他毫不犹豫地把"猪尾巴"剪掉,并"传旨"宫内所有男人也必须如此。尽管朝廷上下怨声载道,但还是"奉旨"剪掉了上千条辫子。

在读书学习中,庄士敦敏锐地觉察出皇帝的眼睛很可能近视了,需要看医生医治。端康太妃(瑾妃)坚决反对让外国医生检查皇帝的眼睛,理由是:皇上的眼睛怎么可以随便乱动呢?但庄士敦坚持己见,最终出面请协和医院的著名眼科大夫检查了溥仪的眼睛,并为他配了一副眼镜。从此,溥仪终于看清身边的世界。在以后大量历史照片中,都留有溥仪戴眼镜的俊雅形象。

当溥仪宴请中外人士时,应邀前来的男女贵宾首次在宫内同桌,改变了中国男女分宴的传统老规矩,成为清末之后开一代先河的"新规矩"。在宴请重要人物时,溥仪、婉容二人还"恭候"在宴会厅门前,与来宾逐一握手,展示了现代文明的风采。

在庄士敦的策划引荐下,溥仪还会见了一些外国使节和中外文化学者,包括会见印度大诗人泰戈尔,与胡适通电话并面晤,这不仅开阔了溥仪的视野,也使得从小封闭在宫中的溥仪,呼吸到宫外的新鲜空气。闲暇聊天时,庄士敦还将他逛街时的所见所闻讲给溥仪听,说到地安门商业街古玩店特别多,那些古玩大多是宫内太监们偷窃的宫中珠宝。溥仪听闻后大怒,随即下令将大部分太监辞退出宫。由此可见,"洋师傅"在溥仪心目中的位置。

庄士敦的诸多"大逆不道"的行为,特别是唆使皇上剪掉辫子、辞退太监等有违祖制的"恶行",招来众多守旧者的怒目和白眼,宫廷内外上下人等无不将庄士敦视为"眼中钉、肉中刺"。但溥仪毕竟还是"皇帝",他对"洋师傅"所灌输的新思想、新信息和新观念,不仅全盘欣然接受,而且为了回馈教导之恩,几次提高庄士敦的身价,"隆其体制",赏以"二品顶戴"。庄士敦喜而不寐,连忙请人给他草拟一个谢恩折子,恭恭敬敬地递到"御前"。不久,溥仪又再"隆其待遇",赐以"头品顶戴"。庄士敦不仅升官了,而且还是一品大臣。

据庄士敦的回忆录《紫禁城的黄昏》的译者高伯雨撰文回忆说:"我在北京时,曾在陈宝琛家里听他讲庄士敦的一个有趣的故事。他说:庄士敦得赐'二品顶戴'后,立刻定制清朝的官服。当他第一次装扮成一个清朝大臣之时,令人见了好笑。他身上穿的是蓝袍长褂,下身穿的却是一条洋服裤子。头戴红顶缨冠,胸悬朝珠,但颈际仍然围着一条西洋人常见的白硬领,更令人笑不可抑的是脚踏英国式皮鞋一双。倒也成了'清'英合璧的'两朝领袖',可与钱牧斋相媲美了。庄士敦后来知道了这是个笑话,才请明白人替他打扮一番,装成一个地道的清朝大官儿模样。"由此可以感受到,庄士敦对"皇帝"溥仪的膜拜。但好景不长,朝廷最担心的事情还是来了。

1924年,"北京政变"后溥仪被赶出了紫禁城,回到后海北岸的醇亲王府的家中居住。庄士敦对此焦虑万分,忙前跑后地帮助溥仪躲避到使馆区一家德国医院,后又匆忙去英国大使馆斡旋。庄士敦

黄昏时的紫禁城

《紫禁城的黄昏》

前脚刚走,亲日派郑孝胥后脚就赶来了。在郑的恐吓胁迫之下,溥仪住进了日本大使馆。待庄士敦联系妥当再返回时,已经人去楼空了。从此,庄士敦的"帝师"使命结束了。

在中国的工作结束之后,庄士敦便回到自己的国家埋头写作。1934年,庄士敦再次来到中国,将他撰写的《紫禁城的黄昏》送给溥仪,并恭请他作序。当时溥仪暂住天津,正为是南下还是北上而犹豫不决。溥仪与"帝师"相见甚欢,闭门畅谈。庄士敦回国后不久,溥仪就以祭祖的名义逃往满洲里。庄士敦虽婉拒了溥仪邀请他同赴长春,但他们之间的师生情谊却始终如一。溥仪称庄士敦是"我灵魂的重要部分"。

《紫禁城的黄昏》出版后顿时轰动欧洲,之后中文版、日文版相继问世,成为畅销书。庄士敦用写该书赚取的稿费,在苏格兰西部的克雷格尼希湖上,购买了一座风光秀丽的小海岛,并迁居海岛上居住。在海岛房中,陈列着溥仪赏给他的各种中国珍宝,包括古玩、字画和瓷器。每到节日到来时,他就将溥仪赏赐给他的清朝官服穿在身上,在家中招待宴请亲朋好友。尤为特别的是,每天一大早,他都会在小海岛的旗杆上,升起清朝的三角龙旗,足见其对"故国"念念不忘。

《紫禁城的黄昏》令广大读者看到了神秘古老的中国，为世界了解中国打开了一扇窗口，庄士敦因此成为英国的知名人物。一位名叫伊丽莎白的女士看到此书后，深深地被庄士敦的传奇经历吸引，然后她就领着自己的女儿，荣幸之至地到海岛上做客。

伊丽莎白女士比庄士敦小十九岁，而庄士敦在"春风得意"时晚节不保，面对如此崇拜自己的"小读者"，全然不管不顾对方的婚姻状况，两人很快就坠入爱河。

庄士敦和有夫之妇相恋的消息很快在上层社会传播，最终传到了庄士敦的老上司、老朋友骆克哈特耳中。骆氏是个老派人物，他绝不允许此类事情发生在朋友身上。当庄士敦急切地向他解释伊丽莎白很快将离婚时，骆克哈特则表现冷酷，并明确表示反对，认为"这个女人令人厌恶"。为此，骆克哈特和庄士敦发生过激烈的争吵，几十年的友情毁于一旦。几个月后骆克哈特去世，临终也没有与庄士敦和好。

据溥仪的妹妹韫龢追忆说，在《紫禁城的黄昏》出版后不久，庄士敦突然被检查出患有膀胱癌。但是倔强的庄士敦却拒绝住院进行手术，他甚至说："我宁愿去死，也不开刀。"

1938年3月6日，庄士敦与伊丽莎白还未举行正式婚礼，就遗憾地去世了，享年六十四岁。其骨灰被撒在他喜爱的小岛上。

婉容：末代皇后命不由己

地安门外大街路东的帽儿胡同是北京十大著名胡同之一，以古迹多、名人多、故事多而闻名京城。帽儿胡同15号（今35号、37号）曾经是末代皇帝溥仪的皇后婉容（1906—1946）的娘家。她出阁之前就是在这儿长大的，百姓们俗称此院为娘娘府。

据说溥仪大婚那天，满街筒子热闹非凡。当时出帽儿胡同西口，从后门桥往南到地安门，沿途挤满了看热闹的人。虽然沿途有紫禁城的护军布防、护驾，以及民国政府的军警维持秩序，但也挡不住百姓们围观。他们在看热闹的同时也想沾沾喜气。

1923年6月3日，《大公报》登载的《溥仪夫人省亲》这样写道："昨午，北京地安门大开，道旁围立多人，军警鹤立，戴缨帽者幢幢往来，闻系溥仪夫人于是日午间赴西城帽儿胡同荣邸省亲。午后四时还宫。故提署、警察两方，派有军警多名，以资保护也。"

帽儿胡同婉容故居(王越提供)

婉容从清光绪三十二年(1906)出生,到1922年与溥仪结婚,在帽儿胡同住了十六个年头。婉容的祖上没有做过大官。她的父亲郭布罗·荣源也没有显赫的地位,却是个非常开明的长者,一向主张男女平等,认为女孩子应该和男孩子同样接受教育。所以,婉容生长在这样的家庭,可以说既是荣幸,又是不幸。荣幸的是,一个女子自幼便能接受良好的教育,且有幸成为皇后。不幸的是,她在皇宫内的生活并不美好,而且无奈。

在婉容被册封为"皇后"后,其父荣源也立时被封为三等承恩公,该宅升格为承恩公府,倒是"父借女光"了。为了使大婚时迎奉皇后的凤舆进出方便,府门与前院进行了扩建,形成了现在的规模。较之从前，自然气派了许多。

按照清朝的旧例，皇帝结婚都称为"大婚"。1922年婉容与溥仪完婚时，虽说清王朝已被推翻多年，但由于溥仪仍旧保留着皇帝的尊号，所以对内、对外依然称为大婚。据说，为了把皇帝的婚礼办得体面、风光，依照清朝皇宫的规矩，所有官员和杂役都必须穿着清朝的服饰，头戴顶翎，身穿袍褂。当时民国政府已成立十年了，可以想象其情景多么滑稽。

载涛贝勒负责总办大婚典礼的一切事宜，议定大婚经费一百万两白银。为了筹措这笔庞大开支，清室备文向民国政府追讨历年积欠的"优待费"，但得到的答复是"碍难照办"。无奈，只得向英国汇丰银行抵押借款，将四十一箱金银器皿，两大木桶瓷器、玉器，用十一辆汽车运往东交民巷英国汇丰银行，以筹措大婚费用。

据载涛的儿子溥佳撰文写道："为了避免引起外界的反对，还特别声明这完全是抵押，绝非拍卖；一俟北洋政府的欠款拨到，即行赎回云云。但后来始终未听说北洋政府的欠款拨到，这四十多箱珍玩就这样'押死'了。其实，这种抵押与拍卖没有什么区别，不过是让汇丰银行多赚了些利润而已。"

在保存下来的溥仪档案里，有两本大婚典礼时的礼品账簿，封面上写着"大婚典礼进奉衔名物品册"，册内逐一记录了送礼者的大名、礼品种类和礼品数量等。清单大名中，不仅有清朝的遗老旧臣，还有民国政府的要员、军阀政客，外国使节，等等。大总统黎元洪也不甘"落后"，还专门派特使带着两万银圆前去祝贺。如曹锟、吴佩孚、冯玉祥、徐世昌、张作霖等民国要人，以及康有为等社会名流，也都送了如意、红木家具等贵重礼品。

住进紫禁城后，西洋崇拜之风对婉容的影响很大。在她被凤轿抬进紫禁城的第三天，溥仪在洋师傅庄士敦的建议下，为答谢外国客人，破天荒地在乾清宫举行了招待酒会。婉容第一次以皇后身份露面，并接受各国驻华使馆官员的西洋礼仪，这在清朝二百多年的

溥仪（前排左一）、婉容（前排右一）与庄士敦（后排左一）

名人 | 遗范长存

末代皇后婉容

历史中是绝无仅有的。婉容的另一大胆之举是，在大婚后她对居住的储秀宫按照自己的喜好进行了重新修缮。她把原来慈禧曾居住过的寝宫改造成中西合璧的装饰风格，室内配上了法式玻璃灯具和玻璃花瓶，增设了浴室、浴盆以及沙发、卧榻等西式家具，还将储秀宫后殿的丽景轩改造成西餐厅。此外，溥仪还给她请了英文老师，每天教她学英语，并起了个与英国女王同样的名字"伊丽莎白"。由于从小受西式学堂的教育，加之溥仪的洋师傅庄士敦的言传身教，她和溥仪一样对西洋玩意儿非常感兴趣。尤其是刚刚传入中国不久的照相机，令婉容和溥仪充满好奇。他们还以摄影师自居，给自己和太妃们拍了许多照片。

但是，随着时间的流逝及社会的变迁，这一切美好的生活片段逐渐被二人不幸的婚姻生活掩盖，并且矛盾日益尖锐。溥仪与婉容属于"无性夫妻"，只是空有夫妻名分，其原因是溥仪性无能。在寂寞的深宫时光中，婉容在百无聊赖之下，开始吸食大烟来麻醉自己。为了寻求刺激，她在以后还发生了更加逾矩的行为。

多年以后，溥仪是这样回忆的："自从她（婉容）把文绣挤走了，我对她有了反感，很少和她说话，也不大留心她的事情，所以我没有从她嘴里听她说过自己的心情、苦闷和愿望。后来发生的事情说明，她究竟是个人，有一般人的正常需要。她是在一种非常奇特的心理下，一方面有正常的需要，一方面又不肯或者不能丢开皇后的尊号，理直气壮地建立合理的生活，于是就发生了私通行为，还染上了吸毒（鸦片）的嗜好。"

1932年1月，婉容在日本人的诱骗下，由天津转道大连再转至旅顺与溥仪团聚，但此时的溥仪却成为听任日本关东军摆布的傀儡，从此她自己也落入了陷阱。在长春，婉容一切都要听从日本人的安排，她的一举一动都受到秘密监视，甚至不能走出大门一步。婉容不堪忍受日本人的欺辱，她暗自打定主意要出逃。

在民国外长顾维钧的回忆录中，有这样一段文字："此人告诉我，他是皇后（长春宣统皇帝的妻子）派来的。他说因为知道我去满洲，她要我帮助她从长春逃走；他说她觉得生活很悲惨，因为她在宫中受到日本侍女的包围（那里没有中国侍女）。她在那里一举一动都受到监视和告密。她知道皇帝不能逃走，如果她能逃走，她就可能帮他逃走。"当然，对于顾维钧这样身份的人，是没有办法帮她这个忙的，但从这段回忆中可以看到婉容当时的处境和心情。

在以后的时间里，空虚无聊的婉容先后与两名随侍发生性关系，并且还生了孩子。事发后，婉容跪在溥仪面前泪流满面地哀求。但她的孩子只在世上活了半个钟头，就被溥仪勒令投入火炉。在如此不堪忍受的打击下，婉容的精神彻底崩溃了。

1946年8月下旬，婉容病逝于吉林延吉监狱，时年40岁。而那时溥仪和婉容的弟弟润麒，已被苏联红军逮捕关押。此后，溥仪作为战争罪犯被关押在抚顺战俘所，而他的老丈人荣源的承恩公府已被人民政府没收充公，并分配给普通公民居住。

民国代总统冯国璋

中华民国代总统冯国璋（1859—1919）是直系军阀的开山鼻祖，也是中国近代史上的风云人物。历来名人的诞生都有一些神奇的传说。据说，冯国璋的母亲孙氏在生冯国璋前一天夜间，梦见一颗光芒万丈的巨星飞入她的怀中。冯父为此高兴异常，认为此子是天上星宿下凡，将

冯国璋

名人 | 遗范长存

帽儿胡同冯国璋故居

来必成大器，故取名国璋。

如今，冯国璋在帽儿胡同的故居，虽然屋脊房檐杂草丛生，但近年来有关部门在宅门前修建了隔离桩，设立了说明牌，诠释了名人故居的价值。冯国璋生前酷爱购置房产，从南到北私宅无数。后来他拥有了北京城内的这座名园，却不像有些大军阀那样挥霍无度，而是精打细算，处处节俭。他在给后人的家训中有"勤俭持家，个人奋斗"的字句。

1919年12月28日，冯国璋突然离世，令大总统徐世昌极为震惊与惋惜，他正准备请冯国璋帮助调和直皖关系，恢复南北和谈，却不料遭此变故。30日一大早，徐世昌、段祺瑞、国务总理靳云鹏及全体阁员前往帽儿胡同冯府吊唁。特别是段祺瑞悲痛至极，放声大哭。但此刻冯国璋的这位老朋友、老对手心中究竟所念为何，只有天知道了。

有文字记载：冯国璋的"国墓"坐落在其家乡河北省河间县诗经村，"国墓"耗银五十余万两，历时三年方才建成。但冯国璋的遗体并没有安葬在"国墓"里，墓内只有冯国璋本人的绫布戎装画像。据知情人透露，在国葬仪式前夜，冯国璋的遗体被家人悄悄埋入古洋河畔黄龙湾的冯氏祖坟中。或许是冯国璋生前料事如神，自感结怨太多，故出此策。

冯国璋的祖上曾经拥有良田几百亩，但那些衣食无忧的好日子，在冯国璋出生时已成为传说。冯家贫困潦倒，只能吃半糠半粮的饭，勉强供冯国璋读书。冬天，冯国璋在学校没棉鞋也没袜子，念书时只得把脚窝进草堆里，勉强取暖。即便他如此用功且成绩优秀，还是因贫穷而多次辍学。

光绪九年（1883），二十四岁的冯国璋终于在堂叔冯甘棠的资助下，到保定莲池书院进修两年，后因家境贫寒辍学回家，又在堂叔的帮助下参了军，有了固定收入。在军队里，冯国璋经常帮人记账、写信，人缘很好，第二年便被保送去天津武备学堂念书。冯国璋学习刻苦，精通枪炮阵势，熟习营垒作业，各科成绩优秀，曾得到该学堂总办荫昌和德国教官的赏识。

五年之后，冯国璋做了几件大事：首先在中日甲午战争前夕，跟随大将聂士成赴东北和朝鲜等地考察测绘地形，编成《东游纪程》一书，为抗击日军发挥了极大作用。然后在甲午战争之后，他赴日考察军事，博览大批近代军事著作，取得了大量有关军事教练的资料，不分昼夜地抄录和整理了几大本有关军事训练和近代军事科学发展的"兵书"，他亦因此大长才干。后来，他被荫昌推荐前去担任教习，在天津小站协助袁世凯编练新军。冯国璋再次向袁世凯献书，这次歪打正着，遇上一位大"伯乐"。

袁世凯见书后如获至宝，连连称赞冯国璋是"军中学子第一人"，很快在新建陆军中担当重任，升任督操营务处总办，从此辅佐袁世凯编练新兵。其后，他与王士珍、段祺瑞等人合编《训练操法详晰图说》（共二十二册），该套书成为清朝末年军事学校编练新军的主要教材。

1913年12月，冯国璋被任命为江苏都督，后改称督军。在江苏督军任上，冯国璋与江苏民政长韩国钧精诚合作，对城市现代化建设进行尝试。其一，为恢复南京的工商业共同谋划，共同筹款六万多元设立待济处，专门贷给小商贩，资助他们开张开业，使市面逐渐繁华起来。其二，由于商业的繁荣给道路交通造成很大压力，冯国璋便与韩国钧商议，决定拆除部分城墙，增建拓宽马路，并全面筹划旧城改造计划，彻底改变南京的市容市貌。为此，南京市专门成立了马路工程局，负责城市建设任务。除了修建马路之外，他们二位又计划拆除城内的小铁路，改建无轨电车。同时，协商筹建南京自来水工程，解决市民用水不便的问题。用现在的眼光来看，冯国璋所做的市政建设成绩算不上多大，但在那个风雨飘摇、经济落后的年代，能够为百姓做些实事已属不易。

袁世凯曾得意地将冯国璋、王士珍、段祺瑞称为"北洋三杰"。从此，冯国璋平步青云，进入了北洋军阀集团核心圈子。1917年7月，由于段祺瑞和黎元洪之间的博弈，冯国璋成为中华民国代总统，住进了中南海。两年半之后，冯国璋因突发肺病去世。

冯国璋去世后，冯家后人因无力支付宅院的巨大开销，便将宅院分割出售。中华人民共和国成立后，这里做过朝鲜驻中国大使馆。如今，当年冯国璋的宅院已闲置多年，那宽阔平坦的宅门前空地，成为附近住户和旅游者的停车场。大门上贴着"谢绝参观"的字样。旅游者从宅门前匆匆路过；有人即使停留观望，也多半会疑惑地问道："冯国璋是谁？"

陈宗蕃与《燕都丛考》

陈宗蕃（1879—1954），字莼衷，号淑园。祖籍金陵，福建省福州市人。清光绪三十年（1904）中进士，光绪末年，官费留学日本，在东京帝国大学学习法政、经济。清宣统二年（1910）毕业回国，曾经在邮传部任职。之后，随着辛亥革命爆发，陈宗蕃在银行做过公会秘书、卫生局科长、北平市参议员。抗日战争爆发后，他曾在团城北京古学院从事教学与研究工作。1949年中华人民共和国成立后，在中央文史馆工作。

陈宗蕃十五岁时不幸失去父母，虽家境贫寒，仍刻苦读书，努力研究新学，学业优异。如此，正应和了"从来富贵多纨绔，自古贫寒出英才"的佳句。有文字记载，陈宗蕃自清光绪三十年进京以来，经过近二十年的打拼，"节衣缩食，薄有余积"。1923年，他在地安门大街路西米粮库胡同东口内路北，置地十余亩。夫妇二人自

米粮库胡同

行设计，建成一座中西合璧的花园式住宅，定名为"淑园"，并撰写《淑园记》一文，记述淑园建造的过程和现状。对于淑园，他是这样阐释的："淑者，善也。非徒景物清淑之谓，因将以淑其身，且以淑吾子孙。"园林学家赵光华在《中国古典名园》序中说："陈宗蕃之淑园面积较大……园内有山池荷塘，花木极盛。"

陈宗蕃的福建同乡及挚友郭则沄，清光绪二十九年（1903）进士，授庶吉士、武英殿协修。光绪三十三年（1907），派赴日本早稻田大学留学。陈郭两家系通家之好。在20世纪20年代末，郭则沄落户于景山后街5号，与米粮库胡同咫尺之遥。他经常携其曾孙郭久祺登门拜访陈宗蕃,闲谈品茗,因而郭久祺对米粮库胡同及淑园印象极其深刻。

郭久祺回忆说,淑园的东墙是一段高大的黄瓦红墙,也是皇城内的另一段皇墙;原有一座黄琉璃瓦红门,矗立在米粮库胡同东口,名为"黄瓦西门",而路斜对面就是"黄瓦东门",就是现在黄化门街西口。民国时,为了交通畅通,陆续拆除皇城墙。1927年,又将部分皇城墙分段招商拆卖,于是,陈宗蕃便出资买下了这段城墙。此举,使该段皇城墙得以保留至今。

陈宗蕃一家居于淑园,且将一部分房屋出租。米粮库胡同距位于沙滩的北京大学不远,历史学家傅斯年曾在此院租住过几年。1932年夏,国学大师陈垣也举家搬入,与胡适为邻五年之久。

1937年春,陈宗蕃将1号院出售给冯馨坡。冯做过黑龙江督军吴俊升家的管家。日寇占领北京期间,冯馨坡又将该院转卖给医生吴清源,吴将私立清源医院搬至此。1949年房产登记时,1号院为公产。20世纪50年代初,清源医院由北京学联接办,更名为"五四医院"。20世纪70年代,该院为北京计算机外部设备一厂。

陈宗蕃自在米粮库"安营扎寨"后,便一门心思撰写老北京专著《燕都丛考》。自1927年始,至1935年成书,历经八年。有评价说,该著作是民国时期对北京城区名胜古迹记载最为详尽的出版物。

《燕都丛考》全面、系统地记述了北京城区宫殿苑囿、坛庙衙署的沿革,着重考察了近四千条胡同街巷的变迁,是研究北京历史不可忽略的重要史料。它的最大优点之一是,搜集的资料广泛、翔实,仅引用的书目就有两百多部。其中,既有正史、会典、九通等官修巨籍，也有地方志、私人诗文集。包括宋、元、明、清时期，以及民国各时间段的文字资料，其中不少资料已经失传。将如此浩瀚烦琐的资料汇集在一起，梳理成篇，分门别类，条目清晰，实属不易。

在写作过程中，陈宗蕃不满足于所掌握的文字资料，而是亲自踏勘调查，了解实地情况后方落笔。特别是在撰写故宫章节时，将溥仪出宫前、出宫后，以及太后、太妃、后妃们的居住情况讲述得十分清楚，具有极其珍贵的史料价值。该书注重调查考证，重点记述了北京城区街道胡同的变迁，其中包括街道名称、曾用名称、街巷位置、沿街重要衙署和古迹、历史掌故、传说逸闻，以及现在的状况等。陈宗蕃长期艰苦细致的实地踏勘，使之"语必有征，信之

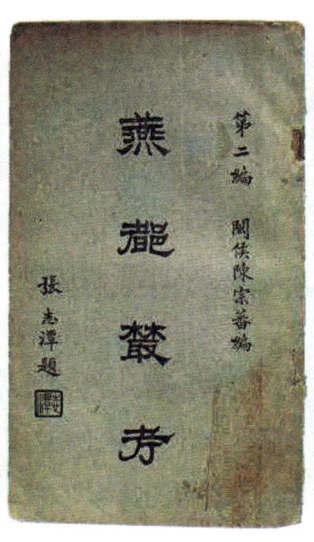

《燕都丛考》

垂后"。因此，该书对老北京的历史研究具有重要的史料价值。

我国著名语言学家张清常教授评价称："《燕都丛考》是迄今所见记述民国时期北京内外城历史、街巷胡同变迁极为详尽的书。"1991年，该书曾由北京古籍出版社再次出版。

中华人民共和国成立后，陈宗蕃为中央文史馆馆员，受周恩来总理嘱托写老北京的历史。除去业已完成的《燕都丛考》，他的主要成就在于治学。其研究领域涉及史学、文学、法学等。传世作品除别集《淑园文存》《淑园诗存》外，尚有《亲属法通论》《古今货币通论》《文学之抽象观》《新北京赋》等。

文绣：敢与"皇上"叫板——离婚

1931年，文绣在天津与溥仪离婚后回到北京，刚开始在德胜门内大街东侧的刘海胡同住；1947年文绣再婚，便在地安门外大街西南部的白米斜街隐姓埋名住了五年。

文绣（1909—1953）生于满洲镶黄旗的一个官僚贵族家庭，曾祖父锡珍当过吏部尚书。她家原住在安定门内方家胡同，曾拥有半条胡同的五百多间房屋。在文绣六岁的时候，因父亲端恭去世后家族败落，其母亲蒋氏仅分得了少量的财产，之后搬到崇文门外花市附近居住。

母亲蒋氏深明大义，在文绣八岁时就送她到小学去读书。文绣天资聪颖，各科成绩极为优秀，得到老师的喜爱和表扬，母亲蒋氏也极为欣慰。按照清朝制度，皇帝挑选后妃必须从满蒙王公大臣的女儿中挑选。1922年，溥仪选后妃时，文绣十三岁，家世合乎条件，

白米斜街 23 号文绣故居

年龄又合适,所以其家族中有人提议文绣不妨一试。

溥仪选妃时,考虑到毕竟是民国时代,用过去那种"面试"的方法就有些不合时宜了,故改成拿照片来挑选。退位皇帝选妃事情一经披露,立刻在满蒙王公及社会上层中引起了不小的轰动,他们都想利用与逊帝联姻以增进关系。就连袁世凯和张勋,也曾想着把女儿嫁进宫中。汉族中的王公贵族也跃跃欲试,已经卸任总统的徐世昌和东北军阀张作霖也派人来提亲。后主管此事的溥仪七叔载涛以满汉不通婚为由,婉言谢绝了。

据溥仪的妹妹韫龢讲述,当年溥仪曾亲口对她说,在备选的照片中，只见文绣的衣服穿得很漂亮，而他又最喜欢女人穿花衣服，就在文绣照片上画了个圆圈。结果遭到了爱新觉罗家族的一致反对，理由是认为文绣长得不漂亮。韫龢也曾谈到初次见到文绣时的印象，感觉她的相貌比婉容差远了，一点儿也不漂亮。但文绣虽然长相平平，却为人老实，安静本分。其实在溥仪的婚事上，甭说妹妹韫龢没有说话的资格，就连溥仪本人都不能为自己的婚姻做主，只能照老祖宗的规矩办。

为了溥仪的婚姻大事，宫廷里明争暗斗，拉帮结派。文绣是溥仪的六叔载洵力荐的；而七叔载涛与婉容的父亲荣源交往颇深，故力荐婉容。当时，婉容的父亲曾任宫中内务府大臣，他是个开明人士，主张男女平等，这使得婉容受到了良好的教育。而文绣家境已经败落，幼年生活艰难，曾织过多年洋袜子，就连竞选皇妃所花费的银两，都是借贷而来。所以说，皇帝婚姻历来是王公、太妃们争夺权力和地位的大好时机，皇帝圈定的也不一定算数。端康太妃对溥仪的决定极力反对，一定要溥仪重新圈定载涛推荐的婉容。

溥仪在重压之下又重新圈定了婉容。由于文绣早已圈定，无法再退，溥仪只好遵照几位老太妃的旨意，将文绣降为"淑妃"，立婉容为皇后。这样看似完美，却委屈了文绣。但毕竟成为末代皇帝的妃子，颇有些"光宗耀祖"的意味。

文绣被选定为皇妃之后，未曾与文绣见过面的溥仪，当即颁下谕旨，要内务府给文绣母亲蒋氏在北京地安门的后海南沿，买下一处大院落作为新住处；并且另外赏赐紫檀木家具一套，顿时令蒋氏一家的生活大为改观。只读了五年书的文绣也不再上学了，傅玉芳的学名更不许再用，整天在家里跟五叔华堪学习君臣大礼，以及烦琐的宫廷礼仪规矩，并熟读《女儿经》。

文绣进宫后虽说没能受宠，却也衣食无忧，每天在长春宫刺绣、读书，乐得清闲。

1924年，溥仪被赶出紫禁城以后，带着婉容和文绣等人来到天津张园"蛰居"，之后又搬到了静园。此时，溥仪虽已降为公民，但仍以皇帝自居，身边的人也情愿享受"皇法"的约束。而文绣的心情却每况愈下，她与婉容的关系日趋紧张，并且遭到溥仪的极端冷落。最终，她勇敢地冲破封建制度的桎梏，在1931年向溥仪提出离婚诉讼。

历来只听说有皇帝废黜皇妃，还从没见过哪个皇帝会被皇妃"休"了。溥仪对此深以为耻，大为光火。至于文绣提出的离婚条件，他概不答应。与此同时，溥仪又让律师给文绣做工作，只要她能撤回离婚诉讼，溥仪就会改变之前对她的态度。但此时文绣却如"吃了秤砣铁了心"，早已对溥仪心灰意冷。为了能顺利离婚，她把溥仪有生理缺陷的事情公之于众，使溥仪的"皇帝"尊严扫地。万般无奈中，溥仪反而盼望着尽快结束这场官司。最终他只得同意支付文绣5.5万元赡养费，但却要求她不得改嫁。文绣为了尽早恢复自由身，一口应承下来，两人最终签订了离婚协议。

签字之后，溥仪为挽回面子，还以皇帝的名义下"圣旨"说将文绣"废为庶人"。翌日，京、津、沪三地报刊，均在报头旁广告栏，登出一道逊位皇帝的"上谕"："淑妃擅离行园，显违祖训，撤去原封位号，废为庶人，钦此。宣统二十三年九月十三日。"

第三辑　地安门百年间群英荟萃

文绣

101

溥仪在《我的前半生》中对文绣闹离婚进行了反思。他写道:"我对文绣心中也是有愧的。她从十四岁入宫以来,我未能与她过一次夫妻生活,加上婉容对她的虐待和谩骂,我又视而不见,不加制止,文绣不知哭过多少次,流过多少泪。"

文绣离婚后回到北平,方知母亲蒋氏早已去世,房子也被她家的亲戚给卖掉了。她又改用"傅玉芳"的名字,在北平私立四存中小学教授国文和绘画。这是文绣平生第一份职业,心情自然特别愉快。但好景不长,由于暴露了身份,学校内外常有好事者及小报记者围观,北平各类报社记者纷纷前来采访,而后即以绯闻艳事登载于报端,几乎在北平家喻户晓了。于是有众多好事之人,前来四存中小学门前等候,观瞻昔日皇妃的风采。来人越聚越多,使文绣处于"活人展览"的难堪境地,她不得不辞掉她心仪的教师工作。

因此,她租下的房子也不能再居住了,便拿出最后的一笔钱,在刘海胡同买下一处平房,与妹妹文珊一起隐居下来。

为了生活,她先是在家里糊纸盒挣钱,后还一度去过施工队里当小工,也曾在街头巷尾叫卖香烟,饱尝了饥寒困苦及世态炎凉。1947年,三十八岁的文绣在报社当校对。为了生计,她与报社社长的表弟、国民党军队少校军需官、四十多岁尚未结婚的刘振东结婚,并在地安门外白米斜街租了三间房屋安家度日。北平和平解放后,白米斜街的居民们才知道,原来这位刘太太就是昔日的淑妃文绣。1950年,刘振东因有立功表现被解除管制,后被安排至清洁队当工人。为了上班路近和为躲避流言蜚语,刘振东偕文绣搬家到辟才胡同西口居住。1953年9月,文绣因心肌梗死死于家中,被埋葬在安定门外的义地丑,终年四十四岁。

溥仪在《我的前半生》中写道:"现在想起来幸亏她(文绣)早日和我离了婚,到后来才没有成为婉容第二,我认为这不但是她的一个胜利,也是她平生幸福的一个起点。"

陈垣：九十一年璀璨人生，七十四载杏坛生涯

陈垣（1880—1971）是史学大家，毛泽东称其为"国宝"。他在米粮库胡同居住期间，与胡适做了五年邻居。这位1913年来京，在北京生活了五十八年的大学校长，在京一共换过八处住所，都是租赁的房屋。直至他落户北京兴化寺街5号，才从此安定下来，并在此住了三十二年。

法国著名汉学家伯希和认为，只有陈垣与王国维才称得上"中国近代之世界学者"。傅斯年说过，"静安先生（指王国维）驰誉海东于前，（陈垣）先生鹰扬河朔于后"。日本汉学权威桑原骘藏在陈垣《元西域人华化考》出版后，很快发表评论，称陈垣是现在中国历史学者中"尤为有价值之学者"。陈寅恪的学生戴家祥回忆："陈师和我在校散步时，自称平生最佩服的是王静安先生，其次是陈垣先生。"

陈垣

据陈垣的嫡孙陈智超回忆说:"1930年11月28日,胡适之携眷北上北平,在后门内米粮库4号租定新宅。次年1月,应新任北京大学校长蒋梦麟之聘,出任文学院长兼中文系主任。而祖父也于1931年被聘为北京大学名誉教授,并于1932年8月21日自丰盛胡同18号搬家到米粮库1号。从此直到卢沟桥事变爆发,陈、胡二人做了近五年的邻居。"

在《陈垣来往书信集》(增订本)中,共收录了陈、胡两人来往书信三十六封,而写在米粮库共同居住期间的信件就有二十四封,占了三分之二。按照现在一般人的理解,很难解释为什么会出现这样的情况。因为当时虽然没有电子邮件,但既然是邻居,尽可以当面交流,至少可以互通电话,为什么还要费力去写信呢?

陈智超解释说,他们都是忙人,很难抽出完整的时间来做长时间交谈,而他们讨论的问题,又不是仅靠电话就可以说清楚的。用写信的方式,正可以弥补上述两种方式的缺憾,既可以见缝插针,抽出零碎的时间来写信,又可以把电话中说不清楚的问题写清楚。我们应该庆幸,正是由于他们二人采取了这种方式,才为我们留下

1947年启功、陈垣、刘乃和、柴德赓（自左至右）在北海合影

了二人交往的重要实录。

1932年底，法国学者伯希和再次来华，陈垣以"谭家菜"宴请，并致函邀请胡适作陪，告知"还有陈寅恪及柯凤荪、杨雪桥诸先生，务请莅临一叙为幸"。

1948年下半年，决定中国人民命运的国共大决战进入了后期。中国共产党领导的人民解放军挟辽沈战役胜利之威，又相继发动淮海和平津战役，兵围北平。其时陈垣任辅仁大学校长，胡适任北京大学校长。在政治格局剧变的时刻，两位学人仍一如既往地潜心钻研学问，就历史学术问题，通过书信进行探讨。

1948年12月13日，胡适给陈垣发出最后一封论学书信。信的末尾署名之后,又附加了两句话:"今夜写此短信,中间被电话打断六次之多!将来不知何时才有从容治学的福气了!"

离开北平前夜,胡适给陈垣写了两封信,不谈时政,不涉去留,纯学术探讨陈垣考订的杨惺吾论《水经注》跋等问题。陈认为作于光绪二十三年(1897)丁酉四月,胡认为作于丁酉之后,并引示史料证据,请陈"切实指正"。

1948年12月14日,胡适把复函邮给陈垣后又打电话,要陈垣赶紧收拾行装准备南下。但此时陈垣已打定主意留在北平,婉拒了胡适的提议。翌年1月8日,国民政府派人接陈垣去机场,陈垣躲避于学生刘乃和家。

北平和平解放时,陈垣与学生上街欢迎解放军入城。他从兴化寺街5号步行到西直门,逾十里。此时陈垣已近古稀之年。他在柴德赓、刘乃和的陪同下,恭候在马路边迎接解放军。

1949年5月11日,陈垣在《人民日报》上发表《给胡适之一封公开信》。信中写道:"去年十二月十三夜,得到你临行前的一封信,讨论杨惺吾《邻苏老人年谱》中的问题。……当我接到这封信时,围城已很紧张,看报上说你已经乘飞机南下了。真使我觉得无限怅惘!"

1960年4月5日,陈垣接朋友汪宗衍来信,说:"台湾历史语言研究所集刊,有纪念胡绩溪生日和傅孟真逝世论文集四厚册,可寄上否?"信中对于胡适名用"胡绩溪"、对于傅斯年名用"傅孟真"来暗示。陈垣很快回信,说关于胡傅论文集,很希望看见,如果邮局能寄,请寄来。不足一个月,陈垣就收到了胡适、傅斯年的四册论文集。

中华人民共和国成立时，陈垣已经六十九岁。掌握了丰富的历史知识并深入研究、著作等身的他，很快接受了新事物。之后的十年间，先后写了二十多篇短文。特别是陈垣还找来毛泽东的《中国革命和中国共产党》《新民主主义论》等文章，手拿放大镜，一字一句地认真阅读。学习新理论，听了新报告，再结合北京城内的新见闻，陈垣思想为之一变。

1959年，陈垣以七十九岁的高龄光荣加入中国共产党，赢得史学界八十多位专家学者联名致贺。

陈垣一生共有三段婚姻，育有儿女十一个。他晚年时期四世同堂、家族兴旺，在外人看来幸福美满。但大师晚年内心的孤独与苦闷，却是外人难以体会的。

陈垣没有记日记的习惯，他的内心情感也很少外露。但从种种迹象来看，他的夫妻生活并不融洽。陈垣与前两任妻子的婚姻都是父母包办的，与第三任妻子徐蕙龄是通过自由恋爱而结合的。他与徐蕙龄在广州光华医学校，既是校友，又是师生。1913年，陈垣就任众议员，定居北京，徐蕙龄也一同前往，共同生活了近四十年。但到了晚年，两人的感情出了问题，1948年，徐蕙龄与陈垣分居，独自搬至毛家湾居住。之后，徐蕙龄由二人共同的儿子陈容接到天津居住，直至1966年去世。

据陈垣的孙媳妇曾庆瑛撰文回忆："陈垣在家经常吃不上一口热饭，只得从辅仁女校（距其住房后街很近）买面包，涂上点黄油，就是一顿。陈和徐所生的子女，长大后都没有留在身边。大女儿在

1946年10月陈垣（左五）在南京明故宫机场与亲友合影

广州教书，儿子和两个小女儿到美国留学。陈垣整天忙于教学，著书立说，生活上不会自己料理。他去上课时，扣子掉了，袖口开线了，都没有人钉一下，有时学生们看不过去，也会帮帮忙。徐蕙龄后来精神有些不正常，弄得陈垣也很烦恼。"

20世纪40年代末，陈垣在给外孙罗永昌的复信中说："你知道久不复你信的缘故否？因你每次来信，都有三个刺眼的字，常常惹起此间家庭的不快，所以一见到你的来信，不敢拆，即焚毁。你系好意，但系累人，请以后信里不可提及这三个字。不告你，你永远不明白，忍不住，乃告你。"曾庆瑛说："罗永昌是陈垣的长女陈桂辛之子，当时在香港，'三个刺眼的字'，应该是'外祖母'，指陈

名人 | 遗范长存

辅仁大学旧址

垣的结发妻邓照圆。'惹起此间家庭的不快',应指徐蕙龄之不快。看来外孙的信,使陈垣先生处于两难境地。"

这就是国宝级大师陈垣的心结,也是他面对学生们难以倾诉的,更是大师深埋在心中的隐痛。

当然,在陈垣人生最后二十多年的工作和生活中,还有一个重要人物也是不可回避的,那就是陈垣的助手、秘书刘乃和。

刘乃和1939年考入辅仁大学史学系,毕业之后又考取陈垣的研究生。1947年毕业之后留校任助教,并开始担任陈垣先生的助手,直至1971年陈垣逝世,当时刘乃和已经五十三岁,依旧未婚。也就是说,刘乃和自研究生毕业之日起,便把自己的事业和生活与陈垣大师紧紧地联系在一起。特别是中华人民共和国成立后,辅仁大学与北师大合并,当时北师大党委决定让刘乃和兼照顾陈垣先生的生活。同时,又为他配备了一名公务员，一名专职男护士。此外，还有陈垣自费请来的两位抄书先生，以及做饭的保姆袁姐。应该说大师晚年的工作和生活，在后勤保障上绝对到位。直至"文化大革命"开始前，陈垣的生活安定，心情舒畅，衣食无忧。陈垣能以九十一岁高龄辞世，与当时的后勤保障密不可分。

曾庆瑛在《陈垣和家人》一书中写道："1998年，刘乃和以八十高龄病逝。她的去世，也带走了与陈垣先生的一段感情。有些事情，恐怕成为永远的秘密了。"曾庆瑛还写道："可以说，陈垣先生是位好父亲、好祖父，在学校里是位好老师、好校长。"

不难想象，在现实生活中，要想把这几个"好"放在同一个人身上体现，又是多么的不容易。

陈智超回忆说，陈垣平日生活极其俭朴，不抽烟，不喝酒，甚至不喝茶。他在北京生活了大半生，没有买过房子，都是租房或住学校提供的宿舍。他的积蓄主要是用来购买书籍和文物。他买书主要为了做学问，其中史部书籍齐全，大型丛书不少，宗教史书籍较多，包括《大藏经》和《道藏》。文物主要是学者的书画、信札和手稿。

1966年，陈垣先生已是八十六岁高龄，环境和身体状况都不允许他继续从事学术研究。他认为自己最后的报国之道，就是把他一生珍藏的书籍、文物以及积蓄全部献给国家，并一再表达了这种愿望。

陈智超回忆说："祖父于1971年6月21日病逝于北京医院，终年九十一岁。我们家属遵照老人的遗愿，将他的全部藏书、文物以

北京师范大学内的陈垣校长像（郝致炜提供）

及四万余元稿费交出。藏书和大部分文物由北师大接收,整整拉了四大卡车。1972年,北图善本部又根据郭沫若院长的意见,从我们手里收存了祖父的主要手稿。"

陈垣一生执教七十四年,先后教过蒙馆、小学、中学、大学,后任大学校长四十余载,他最爱把自己称为"种树人"。

胡适在米粮库胡同的日子

1930年12月,胡适再次北上(1917年曾受聘北大教授),携带家眷入住米粮库胡同4号院。这里是他在北京居住时间最长的家,共有六七年之久。其间,胡适的名声和地位节节攀高,已绝非通常意义上的文化名人。从胡适的私人信件中可以看到,与他来往的人中,既有国民党军政要人,也有共产党的领导人,还有一大批社会知名人士和文化学者。由于米粮库胡同距北大红楼一箭之遥,胡博士的粉丝络绎不绝,前来一睹胡适的真容。

1929年,胡适因连续发表批评国民党政府的文章,受到警告、围攻、查禁等胁迫。1930年5月,胡适被迫辞去上海中国公学校长之职。同年11月28日,当胡适确定就任北京大学教授、中华教育文化基金董事会负责人后,便立即从上海迁居北平,同行的还有他的妻儿及秘书罗尔纲。

胡适（中）在米粮库胡同4号与友人合影

　　罗尔纲在《师门五年记》一文中，对胡适的新家做了详细的描述："米粮库4号是一座宽绰的大洋楼。楼前是一座很大的庭院，有树木，有花圃，有散步的广场。庭院的左边是汽车间。从大门到洋楼是一条长长的路，从洋楼向右转入后院，是厨房和锅炉间，还有一带空地，后面是土丘，土丘外是围墙。洋楼共三层。一楼进门处放了一个衣帽柜，进入屋内，左边是客厅，右边是餐厅。客厅背后很大，作为进入大厅的过道……从那里向东就进入大厅。这个大厅高大宽阔，原来大约是个大跳舞厅，胡是用来做图书室。大厅的南边是一间方形的房，是胡适的书房。"

米粮库胡同4号是座三层小楼，向南最大的一间房是胡适和夫人江冬秀的寝室，另外几间是胡适的两个儿子胡祖望、胡思杜的寝室，以及家里用人的住房等。即便如此，还是余有多个房间，分别为胡适的堂弟胡成之、秘书罗尔纲的客房；而且徐悲鸿、徐志摩、丁文江等胡适的朋友来北京，也应邀住进了小洋楼。当时，上海亚东图书馆派人来编辑胡适著作，大厅过道的房间就成了编辑人员的工作间和寝室。另外，《独立评论》的编辑部也会临时在他家开会办公。

由于空间宽阔，胡适家便成为他的朋友和文人的聚集地。胡适是文化名人，他与当时的众多文化名人交往甚密，鲁迅就是其中之一。当时，鲁迅无论是住在绍兴会馆，还是在八道湾，胡适都曾去拜访过。

1918年5月，鲁迅在《新青年》上发表了短篇小说《狂人日记》，引起了极大的反响，该小说被称为"中国现代小说的开山之作"。鲁迅十分高兴，请胡适来吃饭，一道放过辣椒的霉干菜扣肉和一道朱安自制的油炸白薯饼让胡适百吃不厌。那年，二十七岁的胡适已经是北京大学的教授。这一时期，胡适与鲁迅经常在一起聚餐，两个人是志同道合的朋友。他们共同的主张是：提倡白话文，反对文言文，反对旧道德、旧礼教，提倡科学民主。在此后的六七年间，胡适与鲁迅的来往比较多。仅《鲁迅日记》记载，鲁迅寄胡适信十数封，得胡适信十封。他们之间互访，在一起小聚闲谈，而更多的时候是进行写作和学术上的交流，并互赠资料和作品。但后来二人因为政见相左，发生裂痕，顿成陌路，是一憾事。

在鲁迅去世之后，胡适作为鲁迅过去的同事和朋友不计前嫌。

他接到邀请函后，同意被增补为鲁迅先生纪念委员会的委员，并为许广平拟出版《鲁迅全集》尽力帮忙。

学者欧阳哲生撰文说，胡适与鲁迅早年为战友，后来成陌路，如此种种，胡适当然不健忘、不糊涂。但他没有以牙还牙，特别是在鲁迅已成故人，他大可借机洗刷一番之时，他依然如在鲁迅生前一样，一无辩白。让帮忙，则倾心帮忙；让当委员，则绝不推辞。为了《鲁迅全集》能顺利出版，他乐于尽自己之所能，可以说是有求必应。据以上所述，才说《鲁迅全集》的出版与胡适大为有关。

胡适当年与陈独秀、李大钊等在北大共事期间，始终相互尊重，友好相处。陈独秀堪称新派独一无二的思想领袖，而胡适则为新文化运动的领袖人物之一。二人的鼎鼎大名，曾影响了一代青年学子。虽然他们的政治主张不尽相同，事业也不尽相同，年龄相差十二岁，但胡适认为陈独秀是心直口快的老朋友。1917年元月，蔡元培出任北京大学校长，聘任陈独秀为文科学长，在陈独秀的热情推荐下，胡适于1917年6月提前回国，9月到北大就任文科教授。之后，他们共同编辑过《新青年》，并先后任《每周评论》的主编。

尽管他们在政治思想上逐渐产生分歧，最终形同水火，但在陈独秀被捕入狱后，胡适还是多方营救。他写信给北京政府检察长罗文干，请罗将陈独秀案付司法审判。陈独秀在狱中关押时，胡适还亲自前往狱中探望，并完成陈独秀所交托的事情。

此外，胡适还与梅兰芳、齐白石等艺术家友谊深厚，交往频繁。在他们遇到困难或是需要帮助时，胡适总是尽其所能，决不推托。当齐白石提出要请胡适为其写传记时，胡适已就任北京大学校长，时局动荡，工作极为繁忙，但他还是答应了齐白石的请求。但因工作之故，直到第二年（1947）胡适才抽出时间研究齐白石的材料，并与同事邓广铭共同完成《齐白石年谱》。可以想见，在那个炮声隆隆的年代，在大兵压境之时，身为北大校长的胡适已是琐事缠身。尽管如此，他在将传记书稿交付商务印书馆出版之后，又将样书托人转交给齐白石。胡适的为人和处世之道就是如此。

1931年冬，胡适在米粮库胡同家中做四十大寿。那时按照北方的风俗，做寿要摆寿堂，要吃寿桃、寿面等，亲友要送寿礼，还要请艺人来家吹吹唱唱一番。但胡适不喜欢张扬，他只是请了有数的几位知己小聚而已。

据石原皋在《闲话胡适》书中回忆说："他当时住的房子宽敞，在家中请几桌客，是绰绰有余。那天不是吃徽州锅，而是请饭馆派厨师到家中来做的。他家平常请客，总是忠信堂（福建馆）和庆林春（四川馆）二家菜馆，那天，我不知是哪家菜馆了。"据说，那天也没有摆寿堂，没有叫堂会，嘱咐亲友不要送礼。只有他的朋友和学生送了一幅寿屏，是傅斯年、俞平伯、闻一多、冯友兰、朱自清、毛子水等联名赠送的。

郭存孝（原南京太平天国历史博物馆馆长）说，1931年12月17日乃胡适四十岁生日，徐悲鸿特意画了一幅国画《马》，亲自送到胡适寿堂为大学兄拜寿。对收藏文物字画兴趣一般的胡适，十分激动地收下了徐悲鸿的厚礼，他很高兴地把这幅《马》挂在进门的大照壁上，一方面引以为荣，另一方面让所有来客共赏艺术珍品。

胡适一生只有一次婚姻，是奉母命成婚的。江冬秀虽识字不多，

胡适与妻子江冬秀

但孝顺公婆,能烧色香味美的徽州菜,对胡适的生活关心备至。

按照当年胡适的经济收入,买房子置地的钱还是有的,但是胡适始终没有在北京和上海买半间房。除了必要的生活开支外,他的收入一是用于购书籍、买敦煌卷子。二是用于资助年轻学生。他对沈从文等尚未成名的青年作家,以及太平天国史专家罗尔纲在生活上和经济上给予无私帮助;一些青年学子负笈海外,经费不够,胡适也资助他们。三是用于资助社会研究和野外地质调查。

例如,林语堂在国外留学时资金告急,写信回来向北大求助,表示自己将来愿意回北大工作,但是要先借一点儿钱。胡适接到这封信后,立即给他汇了两千美元。林语堂还以为是北大寄给他的,回国后还钱给北大的教务长,才知是胡适自己掏腰包给他汇的。

再如,胡适曾借给青年学子陈之藩一张四百美元的支票,资助他去美国留学。后来陈之藩汇款还给胡适并写信致谢。胡适回信说:"之藩兄,谢谢你的来信和汇票。其实你不必这样急于还此四百元。我借出的钱,从来不盼望收回,因为我知道我借出的钱总是'一本万利',永远有利息在人间。"陈之藩回忆说:"每读这封信时,并不落泪,而是自己想洗个澡。因为我从来没有过这种澄明的见解与这样广阔的心胸。"

胡适在中国公学任职时,对吴晗大力栽培。吴晗考北大,数学得零分,没有被录取;又考清华,因清华不考数学,被录取了。胡适当即取出钱让罗尔纲给吴晗交学费,并写信给清华的负责人翁文灏、张子高,请给吴一个半工半读的机会;并就治史的方法,给吴指点,真可谓诲人不倦。

胡适待人诚恳。对于学问，他提出"做学问要在不疑处有疑"；对于做人，他说"待人要在有疑处不疑"。在那个没有"朋友圈"的时代，胡适有着最广泛的"朋友圈"。

1948年12月14日，国民政府教育部长朱家骅从南京打来电报，说派专机到南苑接胡适，并要胡适邀请清华大学教授陈寅恪全家一同南下。由于当时城门紧闭，车子到了宣武门就出不去了，胡适急忙给傅作义打电话。联系上之后，傅说，让他们明天到中南海司令部来换傅的车，否则他们的车出城后也回不来了。据邓广铭回忆说："当时，胡先生说明天走不了就不走了。胡先生的稿子有些就放在他住的那间房子里，他对我说他最主要的稿子是《中国哲学史大纲》中卷，可这稿却放在书库里，仓促间找不出来，所以能带走的只有有关《水经注》的稿子，这说明他事先绝对没有走的准备。"

由于走得匆忙，胡适来不及与北大同事告别，仅仅留下了一张便笺："今早及今午连接政府几个电报，要我即南去，我就毫无准备地走了。"胡适走时，把装有书籍、手稿、日记、照片等珍贵物品的箱子全部留在了北平东厂胡同。

1957年，胡适在台湾立下遗嘱，将遗存在大陆的一百零二箱物品全部捐献给北京大学。胡适曾在1937年离开北平赴美，任中华民国驻美大使。那之后，他居住过的米粮库胡同4号院，先后有陈半丁、李克农、陈伯达、邓小平等人居住过。

1962年2月24日，在"中央研究院"第五届院士的欢迎酒会上，胡适因心脏病突发辞世。其墓志铭为："这个为学术和文化的进步，为思想和言论的自由，为民族的尊荣，为人类的幸福而苦心焦虑，敝精劳神以致身死的人，现在在这里安息了。"

傅斯年的真性情

20世纪30年代，历史学家傅斯年（1896—1950）也在米粮库胡同居住。他与胡适本为师生，以后又逐渐成为师友。当时，傅斯年就任中央研究院历史语言研究所所长，他与亦师亦友的胡适有探讨不尽的话题。中央研究院历史语言研究所在1929年迁入北平后，所址在北海公园内的静心斋，距离米粮库胡同胡适家非常近。于是，傅斯年便在米粮库胡同租房居住，与他所崇拜的胡适整日"厮守"。傅斯年到胡适家从不事先约定，有事没事，敲门就进。

据常住胡适家的亲戚石原皋回忆说："傅斯年经常到胡适家来，胡在家即与胡谈，胡不在家，即与其家人谈。我们都喊他傅胖子。胡创办《独立评论》，傅也是主将之一，关于接洽登记等事，都是他跑腿。"胡适的学生罗尔纲说，傅斯年是胡适最看重的学生。他在胡适面前总是"张口先生，闭口先生，从未改口"。

北海公园静心斋

1950年,傅斯年在台湾突然去世后,胡适在给傅斯年夫人俞大彩的信中说,傅斯年的学业比他深,但他写信总是自称学生,他们见面时,也常"抬杠子",但若有人攻击他,傅斯年一定挺身出来为他辩护。傅斯年常说"你们不配骂适之先生",意思是说,只有傅斯年自己配骂他。真正的批评总是建立在对等的基础之上。只有学识和修养对等的人的批评,才值得关注和理会。至于漫无边际的谩骂,除了自我贬低之外,没有任何意义。胡适说傅斯年是"人间一个最稀有的天才"。

傅家世居山东聊城,是鲁西名门望族。傅斯年从小受到家庭的严格管教,从而打下了坚实的古文基础。十四岁时,傅斯年考入天津第一学堂,接受系统的正规教育。1913年夏,傅斯年考入北京大学预科,三年后升入北大文科国学门。北大毕业后,傅斯年考取了官费留学。1919—1926年间,他先后留学英国、德国。留学期间,傅斯年一心扑在学习上。这时候的北大文史科,推崇国学大师章太炎的学说。傅斯年曾努力钻研章太炎的国学,因此国学科的执教者对他格外看重,期望他能成为章派国学的传人。

1917年9月,胡适被北大校长蔡元培聘为文科教授,讲授中国哲学史。他与以往的老先生不同,没有从三皇五帝讲起,径直就讲西周晚年的老子和孔子的思想。这不仅让原来的老先生连呼"胡

胡适与傅斯年

闹",而且也让听惯了老讲课法的学生们大为惊异,认为胡适不讲三皇五帝,就是"思想造反",不配做大学教授,甚至酝酿要将胡适赶出北大。傅斯年听课后却感到有新意,很佩服他对内容的把握和他讲课的风格。傅斯年对哲学系的学生说:"这个人书虽然读得不多,但他走的这条路是不错的,你们不能闹。"傅斯年平时在学生中很有威信,他的一席话,就将这场酝酿"罢免胡适"的风波平息下去了。

在以后的日子里,傅斯年和他的学生们经常到胡适的家里去。据罗家伦后来回忆说:"那时候我们常去,先则客客气气地请教受益,后来竟成为讨论争辩肆言无忌的地方。"胡适在新文化运动中写的许多文章,特别是他们之间的谈话与争论,对傅斯年的思想有很大的启发和激励,使他从可能成为章派国学的继承与传道者,转而变为支持并宣传新文化新思想的一员大将。特别是守旧派黄侃教授,眼看着自己的高足傅斯年追随着胡适的白话文而去,还办起了《新潮》,其内心的愤懑和失落可想而知。

傅斯年个头高,人也胖,仗义执言,人们称他为"傅大炮"。1919年在巴黎和会上中国外交失败,5月4日上午,北京的大学生集会抗议,傅斯年被一致推选为主席。当日下午,他扛着大旗率领游行队伍直扑赵家楼,一举成为名震南北的学生领袖。有人说傅斯年生性好斗,喜欢出风头,甘愿做出头的椽子。

抗战胜利之后,傅斯年赴北平恢复北大日常事务,很多人推荐他担任北大校长,他坚辞不就却保举远在海外的胡适。匪夷所思的是,他又坚决要求去北大暂时做代理校长。原来,他不是有官瘾,而是认为像胡适这种好好先生,不忍心得罪人。用傅斯年自己的话说，是"宋江出马，李逵打先锋"，曰胡适唱红脸，傅斯年唱白脸。所以，他这门"大炮"要强出头，把那些在沦陷时期在伪北大出任伪职的人员开除；周作人就是任职伪北大中的一个。当时有些人找傅斯年说情，"傅大炮"一概不给面子，"誓与汉贼不两立"。他认为这些任职伪北大的人毫无民族气节，失去了知识分子的良知，根本不再具有为人师表的资格。

傅斯年的学生何兹全回忆说："不要看他天真，好像幼稚，办起事来，却极果断，有办法。在我比较熟识的北大教授中，傅斯年最是杀伐果断。他在给傅师母写的信中说：'大批伪教职员进来，这是暑假后北大开办的大障碍，但我决心扫荡之，决不为北大留此劣根。'他又说：'实在说，在这样局面下，胡先生办法远不如我，我在这几个月给他打平天下，他好办下去。'傅先生事来了就能果断处理，毫不含糊。"

抗日战争爆发以后，胡适与傅斯年，一个在国外，一个在国内，他们之间经常互通音信，互相鼓励和支持。傅斯年一生中坚持参政不从政，即使参政也只是根据自己的意志，怀着对国家、民族的利益尽责尽力。

抗战时期，傅斯年曾为了帮助梁思成、林徽因摆脱困境而秉笔上书教育部长朱家骅，请他转呈蒋介石，拨款周济二人。其中写道："思成之研究中国建筑，并世无匹，营造学社，即彼一人耳……"在谈到梁思成对于中国建筑的非凡贡献后，又详尽写到林徽因的肺疾等实在困难。于是，蒋介石让当时的经济部长兼资源委员会主任翁文灏给梁思成及营造学社拨了一笔款子，以解梁思成一家的燃眉之急。

傅斯年的学生何兹全撰文说："傅斯年是'五四'出身，是个民主自由主义者。这思想是受胡适之先生的影响，透过胡先生接受西方正统的民主思想，但傅斯年先生留学德国，他有社会主义思想。我曾听他亲口对我说，他的思想是民主加社会主义。苑峰教授曾告诉我，抗战时期，他陪同傅先生入川，在宜昌等候换船。他打

台湾大学傅园傅斯年墓（李虹提供）

扫卫生，在傅先生枕头底下发现一本书——《资本论》。他作为奇消息告诉我，我也以奇消息听着。"

何兹全回忆说："对傅先生是又尊敬又拘束，用三个字来表达，那就是敬、怕、亲。所谓敬，大家对傅先生的学问没有不是满心尊敬、佩服和崇拜的；对于怕和亲，说老实话，傅先生的性情不同常人，极易冲动、暴怒，像个孩子，因而大家对他既怕又亲。"

1948年元旦之夜，南京城中失去了往年节日的喧闹。此时，胡适刚从北平回到南京，傅斯年与胡适聚会共度岁末，两人置酒对饮，相视凄然。一面饮酒，一面谈论时局。当时国民党的失败已成定局，自己何去何从，难以决断。瞻念未卜之前途，留恋乡土之情顿生，思前想后，两人都十分伤感，不禁潸然泪下。

在傅斯年徘徊不定之时，陈诚于1949年1月5日就任"台湾省主席"，同日致电傅斯年，要求他迅速赴任台湾大学校长。电报说："弟已于今日先行接事，介公深意及先生等善意，恐仍须有识者之共同努力，方能有济。弟一时不能离台，希先生速驾来台，共负巨艰。"

陈诚与傅斯年私交甚好，他的催促，傅斯年是必须认真考虑的，他将自己关在一个房间，三日三夜未出房门，绕室踱步，反复吟咏、书写陶渊明《种桑长江边》中的诗句，考虑去留问题，最后决定暂且去台湾就职，尽管万事开头难，何况又是在那特殊的年代。

傅斯年爱抽烟。台大校长每月薪水只有四百多新台币，不够全家的开支，他把当时最廉价的新乐园香烟的烟丝剥开，装在他的烟斗里。其夫人俞大彩在《忆孟真》中写道："他去世前夕，是一个寒冷的冬夜，我为他在小书室中生炭盆取暖。他穿着一件厚棉袍伏案写作。我坐在他对面，缝补他的破袜。我催他早些休息，他搁笔抬头对我说：他正在为董作宾先生刊行的《大陆杂志》赶写文章，想急于拿到稿费，做一条棉裤。他又说：'你不对我哭穷，我也深知你的困苦。稿费到手后，你快去买几尺粗布，一捆棉花，为我缝一条棉裤。我的腿怕冷，西装裤太薄，不足以御寒。'我一阵心酸，欲哭无泪。"

傅乐成是傅斯年的侄子，是傅斯岩之子，圈中朋友多昵称其为"傅二爷"。1930年，时年八岁的傅乐成就读于东流水虹桥省立第一师范学校附小。毕业后，被伯父傅斯年接至北平，供他进辅仁中学读书。傅斯年平时对他督责甚严，还亲自教他英语。

傅乐成回忆说，一天他正在房中读书，忽听见伯父（傅斯年）

在卧室对伯母说:"有钱吗?拿十块来。"伯母说:"只有几块钱了,还得买菜。"伯父说:"那就算了。"过一会儿,伯母又问:"到底要不要?我好去想办法。"傅乐成后来在校中对同事提起此事,说道:"同事皆为之叹息,谁能想到,一个台湾大学教授、校长,却会为十块钱去'想办法'呢?"

傅斯年在台湾大学总共不到两年的任期中,以其开朗而认真的办学态度,影响了全体师生,也为台湾大学树立了非常重要的学术典范和自由风气。他认为,为了培养高质量的人才,必须刹住招生说情之风。为此,傅斯年多次在报纸发表声明,称假如自己以任何理由答应一个考试不及格或未经考试的学生进来,那就是对校长一职的失职。他奉劝至亲好友不要向他谈录取学生的事。不仅如此,他还在校长室门前竖一告示牌:"为子女说情者,请免开尊口!"

为避免考试题泄露,傅斯年严格实行"入闱"制度,即在台湾大学图书馆选一间房子,将命题人置入其中,不准携带其他不相关的物品进去。出完试卷题后出题人就待在屋子里,等考试结束后才能放出。傅斯年的老友屈万里回忆说,印制试卷题的场所,门窗都糊得严严实实,室外站有警卫,如临大敌。

傅斯年在台大任职期间,正是台湾的非常时期。傅乐成回忆说:"他(傅斯年)经常每日在校办公六小时以上,一进办公室,便无一分钟的休息,有时还须参加校外的集会……他那希望台大赶快办好的意念,竟使他坐卧不安。"

1950年12月20日,傅斯年因脑出血昏迷而辞世。经台湾各界及傅夫人讨论后,决定于台湾大学校内安葬其骨灰。

陈半丁：留却人间思断肠

画家陈半丁是米粮库胡同资历最深的老住户，他在此居住了十余年，1937—1951年，跨越新旧两个社会。

陈半丁出生于清光绪二年（1876），家境贫寒，少年时父母双亡，生活艰辛。为了谋生，他十四岁就在浙江兰溪当学徒。十五岁在转做钱庄学徒时开始接触笔墨，自此一发不可收，自言当时"嗜书画入骨，饥饿犹不顾也"。十九岁时他随表叔吴石潜（西泠印社创始人之一）来上海，在严信厚家拓印为业，并有机会与任伯年、吴昌硕相识，后拜吴昌硕为师。

清光绪三十二年（1906），陈半丁受金城之邀来到北京，他不仅将"海派"艺术播撒至北京画坛，更在这里广师博览，将其艺术源头上溯至明清诸家，以借古开今之姿确立了个人艺术风貌，成为"京派"，乃至京津画坛的代表人物之一。

1922年，肃亲王在旅顺故去，陈半丁为报昔日的知遇之恩，在

陈半丁在米粮库院子里绘画

大连两次举办个人画展,将卖画款所得全部用作肃亲王灵柩返京的费用。也因此有人称"国人举办画展,陈半丁盖为开创的第一人"。

1917年,五十三岁的齐白石为避家乡匪乱,只身来到北京闯天下,无奈遭到北京画界的冷遇。其画作不仅价格低廉,而且无人问津;甚至有人说他的画作粗野,一钱不值。所幸,这一年齐白石结识了他人生道路上的两个贵人——陈师曾和陈半丁。

20世纪60年代,一位访问过陈半丁的学生,就在日记里记录下了半丁老人当时的谈话。他说:"齐白石刚来北京时,画卖不好,也卖不贵。我劝他学学缶老昌硕,他听了。齐白石这个人很知言,能取得后来的成绩不是偶然的。"这段谈话,不经意间道出了齐白石成功的关键。年近花甲的齐白石决心"衰年变法",放弃八大山人的冷逸画风而改学吴昌硕,逐渐形成自己的绘画风格。

陈半丁对于齐白石的悉心指点,对尚在保守派唾骂声中讨生活的齐白石来说,无异于雪中送炭。

遥想当年,陈半丁从浙江老家出外谋生,十九岁到上海半工半学,清光绪三十二年(1906)到北京,也是无人识,无人理,卖画生意惨淡。后得到金城和恩师吴昌硕的提携，将他介绍给画界友人，吴昌硕还为他撰写了书画、篆刻润例。于是，他逐渐在北京站住了脚，跻身于知名画家的行列。如今，齐白石从湖南到北京来，与陈半丁一样出身下层，初到北京时的际遇如此相似。此外，齐白石还深得陈师曾赏识，而陈半丁与陈师曾又为好友，与好友之友成为朋友，就更加自然真实了。

既是同在北京闯天下，彼此间不仅在艺术创作上相互钦慕，而且心境相通，趣味相投，相互间多了理解和帮助，并没有如社会上所言"同行是冤家"，做互相贬损之事。从齐白石将儿子齐子如送到陈半丁门下，并成为陈的得意门生，就足以表明齐白石对陈半丁绘画艺术的肯定和认可。

1937年北平沦陷后，陈半丁拒绝日伪政府聘请，辞去教职。刻《强其骨》《不使孽钱》印为座右铭，以卖画刻印为生。为了避开日本人的吵闹和干扰，陈半丁几番周折，在严惠宇、杨济成等友人资助下，购得胡适曾住过的地安门米粮库胡同4号院。该院落占地十余亩。院中有园中园五亩，故以"五亩之园"命名。

1938年，齐白石送陈半丁南行长沙，归来有感，在《天高云远图》上题诗："天高云远水流长，流去春风与秋光。酒罢送别古人影，留却人间思断肠。"道出二人之友情。

20世纪40年代，陈半丁的学生尤无曲回忆说："当时他住北京地安门米粮库胡同，记得他的住所，一进门迎面是山子石，院落松林成行，清幽雅静，地面除种植花草外，还种了一些老玉米、白菜、萝卜等，红砖砌成的小楼，为半丁老人安憩及作画之处，据说以前胡适之曾住过这里。半丁老人喜戴小帽头,穿坎肩。他虽离开原籍浙江绍兴多年,但仍有故乡口音,与人谈话诚恳亲切,待客从不虚伪。值得一提的是,国人开画展是由他开始的。那还是清代的肃亲王在旅顺生病时,他曾在大连开第一次画展。当时盛况空前,报纸刊登,不少人喜看半丁老人作品,终日在展室盘桓不去。"

曾用过笔名周简段的某位文史作家在陈半丁家中,曾经亲耳聆听了陈半丁对两位弟子张爱林、尤无曲讲授书画。陈半丁对两徒耐心指导说,孔子教子路收,教颜回放,即所谓因人施教。爱林没临过帖,写出居然有意思,这是有天才,但今后须收,不可再放。无曲临帖时间太长,写出字来,无时不在自拘自谨,所以今后须放,不可再收了。陈半丁还说,作品拿出展览,即使不比人家强,至少自己也要不惭愧,才可以谈得到开画展。老人坐在一张古老大沙发上,对两个弟子越讲越精神,谈一阵话,喝一阵茶,走到墙边看一阵悬挂着的明清名画。

陈半丁又说,随便抹两笔的,哪里就算得上艺术?艺术范围太大了,就连建筑制造乃至枪炮子弹,全是艺术。绘画不过是文人余兴,课余爱好,往清高里说,也不过是一种高尚的玩意儿而已,像他这简直谈不到艺术。当初,学画的没有现在这样多,也比现在难。那时印刷品缺乏,轻易见不到参考资料,向人借用完了一还,仍然莫名其妙。因此为了学画方便,就成立个社会团体,即艺专的前身。

陈半丁还说,一群学生学画,叫他们都学他陈半丁,这个不妥当,就如同唱戏,人家是旦角的嗓子,绝不能因为和他学而唱老生。所以与他不相近的他不教,不能让人家费力不讨好。

陈半丁《富贵寿考图轴》

陈半丁还说过："三年出个状元，可是三年出不了名画家。有天才也要用功，我的男孩女孩都能画几笔。但不用功就不能成功，这可不是世袭，我绝不勉强他们。"

陈半丁的学生尤无曲回忆说："1939年夏，我正式拜半丁老师门下习画，并安排我追随老师去北平学画。这年初冬，我安排好了家事之后就乘火车冒着不时飞过的流弹来到北平，正式开始了随半丁老师学画的生涯。"

到北平后，尤无曲找到了位于地安门米粮库的陈半丁的家。他回忆说："半丁老师要我住在他家，但我怕多有打扰，就借住在北平金城银行公寓，在那里潜心作画。每周不少于一次去半丁老师家，看他作画，听他谈画，学习绘画技艺，还常常参加半丁老师家名流聚会的'周宴'。"

所谓"周宴"，其实就是沙龙性质的聚会。在当时的文人圈里比较流行。比如在林徽因家的"太太客厅"，朱光潜家的"读诗会"，等等。相较之下，文人圈的聚会更纯粹一些。而绘画界的聚会，除了切磋技艺，观摩收藏佳作之外，还买卖画作。毕竟在那个年代，彩色印刷技术落后，信息又不通畅，缺少必要的交流平台。陈半丁每周在家中举行聚会，参加者都是北平艺坛的顶尖人物，故称他家的聚会为"周宴"。

由于陈半丁当时在画界的地位和威信，受邀前来参加"周宴"者都深感荣幸。常客里有书画界名流如严惠宇、方巨川、杨济成、袁左良、蒋兆和等；还有京剧界的知名艺术家，除去已经拜在陈半丁门下的梅兰芳外，还有奚啸伯、程砚秋、尚小云、荀慧生等，这

画家陈半丁

些人也是书画爱好者和收藏者。

陈半丁当年对学生尤无曲很看重。每次都与他电话约定,要他每周到点必须来参加"周宴",以近距离领略名家精湛的画艺和佳作,便于当面请教。这令尤无曲眼界大开,受益终身。

1949年北平和平解放后,李济深即致函问候,国民党驻军也从其寓所撤离。1951年,陈半丁已是七十六岁的老人了,春节期间毛泽东派专人送来慰问品,使陈半丁产生了极大的创作激情,开始积极热心参与社会活动。

1951年7月29日,中央文史馆成立了。第一批馆员二十六人,他们是经过国务院总理亲自批准聘任的,其中有齐白石、陈云浩、萧龙友、陈半丁、梁启勋等人。符定一任馆长,叶恭绰、柳亚子、章士钊任副馆长。从此,这些老知识分子有了组织,有了工作和活动的场所,也有了固定的收入。

1949年后,陈半丁在米粮库胡同又住了一年。令他不安的是,作为一个画家,住这么大个院子,过于引人注目,影响不好,便于1951年将米粮库宅院出售,搬至西四北六条南魏胡同、和平门内新帘子胡同两处宅子。为何要搬两处宅子分住?只因陈半丁有两房妻室,同住在一个院子里嫌麻烦事多,不得清闲。

原来陈半丁身边有三位妻子。除原配夫人外,第二任妻子王慕廉比他小三十四岁,于1929年迎娶;第三任妻子张慕贞则小他三十二岁,于1933年迎娶。王、张二人皆性情柔和,身材颀长,相貌美丽,气质不凡。后来,在"文化大革命"中陈半丁受难之时,得到王慕廉的辛勤照料。

陈半丁的女儿陈燕妍回忆道:"1976年'四人帮'倒台后,一些人陆续被平反昭雪。1979年胡耀邦同志对父亲的冤案批示,要彻底为父亲平反;并补开了追悼会及遗体告别仪式,退还了所扣发的十年工资。"

皇族毓逖的"杠房"

站在地安门西大街南端的恭俭胡同8号院门前,虽然大杂院内布满私搭乱建的小房子,但仍可看出当年这座三进四合院的气势和规模。院落的主人曾是光绪皇帝禁卫军统领爱新觉罗·毓逖(1886—1958)。

毓逖在光绪三十二年(1906)进入陆军贵胄学堂学习,成为第一期学员。毓逖从贵胄学堂毕业后,赏三等侍卫,后升任护军统领。溥仪被逼出宫后去了天津,又到了长春。毓逖始终拒绝溥仪的邀请,心态平和地留在京城。当时的王公后裔、八旗子弟猛然断了俸禄,大多因缺少劳动技能而陷入生活困境;有的人甚至坐吃山空,靠变卖家产为生,最终沦为乞丐。

为了养活一大家子人,毓逖想起先祖弘昼喜好丧仪,常在家中为自己办丧事。1927年,毓逖在地安门以西买了几间铺面房,开了

毓逖与齐白石

家"信成杠房"。毓逖为坐镇老经理，儿子恒业为少经理，主持日常工作。可以想见，做过皇室护军统领，袭过"奉恩将军"的爵位，在贵胄学堂受过良好教育的毓逖，为了生存竟开设杠房，整日与葬礼为伴，也是万般无奈之举。

信成杠房开张之后，很快就声名远扬。这要得益于毓逖的皇族身份，他对满、汉族风俗比较了解；北平的达官新贵、清朝遗老多由信成杠房承办丧事。例如，摄政王载沣（溥仪之父）、国民政府检察院高友唐、沁王府王爷及福晋、奉系军阀富双英、"祥贵人"谭玉龄等人的葬礼均由信成杠房承办。

李大钊的葬礼就是由信成杠房完成的。李大钊在1927年被奉系军阀张作霖杀害后，直到1933年遗体还没有被安葬。按照老北京的风俗传统，下葬的日子一般选三、五、七日等奇数日。而李大钊先生的"七日、七月、七季"都过了，只剩下"七年"，一定要入土为安。当时北京大学何基鸿教授找上门来，请求信成杠房帮忙安葬。此前，何基鸿已经找过两家杠房，均遭谢绝。因商家顾虑李大钊是共产党最早的领导人，葬礼那天肯定有学生送葬，难免会与军警发生冲突。

毓逖听说这件事情之后，并没有考虑个人安危，而是在社会各界人士的协助下，带领杠房众人冒着风险，硬是从宣武门外李大钊先生停灵的妙光阁浙寺起杠，城里十六杠，走西四、新街口，出西直门改二十四杠，顺利地把李大钊的灵柩送至西山万安公墓安葬。

当时的安葬分三种：国葬、公葬、民葬。国葬，国民党政府不准。民葬，李家无钱。只好公葬。因李大钊生前是北京大学图书馆主任，故其遗孀赵纫兰请求北京大学帮助安葬。

时任北大校长的蒋梦麟慨然应允。接着由北大教授王烈、何基鸿、沈尹默、沈兼士、周作人、胡适、马裕藻、马衡、傅斯年、蒋梦麟、樊际昌、刘复、钱玄同等十三人，甘冒风险，自愿牵头发起募捐，并以公葬"北京大学已故教授"之名，回避了李大钊的政治身份，避免了当时政府的干涉与阻挠。

毓逊的晚年生活十分安逸。虽说祖上留下的宅院已经七零八落，但毓逊老人却心静如水地守候着。他性格耿直、待人热情、博学道达，平时大家都尊敬地称呼他为"毓四爷"。

老街坊于洪达回忆说，毓逊老爷子和蔼可亲，也特别爱帮助街坊四邻。

毓逊喜欢书画，当年的书画大师齐白石、溥心畬、溥雪斋等均与其交往甚密，一些社会名流也经常出入这个院子。他们聚在一起品茗谈艺，交流画作。毓逊书斋号是"柳荫轩"，齐白石曾治"柳荫轩"田黄石印章一方相赠。毓逊是启功的远房叔祖。当年毓逊家中举办聚会时，毓逊曾将启功介绍给齐白石拜师学画。

如今，毓逊家的宅院早已拆分成几个院子。主院是住着十几户人家的大杂院。而东边的跨院，曾作为恭俭胡同居委会，之后是街道"五七"加工厂。一群老太太在厂里缝衣服,剪裤子,劳动创收……之后,居委会逐步腾空,房屋荒芜,并且与南院相连,成为房管所堆放材料的仓库。

曾经显赫的家族,早已化作如烟往事。只有院子中几棵参天大树,昭示着院落主人昔日的荣耀和辉煌……正如当年经常出入此院的启功先生所言:"物能留下,人留不下啊!"

朱光潜的"无言之美"

在20世纪30年代,北京大学教授朱光潜(1897—1986)就居住在地安门(俗称后门)内路东的慈慧胡同3号。他撰写的精美散文《后门大街》,1936年发表在《论语》半月刊上。他是执笔记述过地安门的名人大家之一。

朱光潜心目中的后门大街"偏僻,玎暗,湫隘,局促"。它是平凡的,但"有的是生命和变化"。走在人群中,"我在我自己的心腔血管中感觉到这一群人的脉搏的跳动"。所以,朱光潜只要有时间,就常常在后门大街闲逛,这个习惯甚至成了他每日的必修课。

朱光潜说:"北平的精华可以说全在天安门大街。它的宽大、整洁、辉煌,立刻就会使你觉到它象征一个古国古城的伟大雍容的气象。地安门(后门)大街恰好给它做一个强烈的反衬。它偏僻,阴暗,湫隘,局促,没有一点可以叫一个初来的游人留恋。"但是,因

名人 | 遗范长存

清末的地安门大街

为朱光潜住在地安门里的慈慧胡同,要出去闲逛,就只有这条街最近便。朱先生无论是阴晴冷暖,无日不出门闲逛,一出门"就很机械地走到后门大街"。因而,朱先生说道:"它对于我好比一个朋友,虽是平凡无奇,因为天天见面,很熟了,也就变成很亲切了。"朱光潜先生喜欢在后门大街闲逛,因这里离住处近倒还在其次,更为重要的是"在后门大街上你准碰不见一个熟人,虽然常见到彼此未通过姓名的熟面孔,也各行其便,用不着打无味的招呼"。

因着对这种"自由而诡秘的意味"的恋念,后门大街成了朱光潜先生最重要的消遣去处。虽然旗人破落了,后门也破落了,但是"那些破落户的破铜烂铁还不断地送到后门的古玩铺和荒货铺",所以,不到半里长的后门大街却有十几家古玩铺和一家旧书店。朱先生就常常拉着沈从文一起在这里"淘宝"。他说自己在后门大街逛古玩铺和荒货铺,"心情正如钓鱼。鱼是小事,钓着和期待着有趣,钓得到什么,自然更有趣"。充满了平民生活气息的后门大街,最富于生命力和变化的时候是上灯后,尤其是在夏天。朱先生说:"在这种时候,后门大街上准有我;在这种时候,我丢开几十年教育和几千年文化在我身上所加的重压,自自在在地沉没在贤愚一体、皂白不分的人群中,尽量地满足牛要跟牛在一块儿、蚂蚁要跟蚂蚁在一块儿那一种原始的要求。我觉得自己是这一大群人中的一个人,我在我自己的心腔血管中感觉到这一群人的脉搏的跳动。"

朱光潜在慈慧胡同住下以后,第一件事就是组织"读诗会",每月举办一两次。到了约定的日子,慈慧胡同3号热闹非凡,风生水起,京城里的二三十位文人,包括梁宗岱、冯至、孙大雨、罗念生、周作人、叶公超、废名、卞之琳、何其芳、朱自清、萧乾等纷纷赶来参加。

在"读诗会"上,朱自清是最起劲的一个。由于他的兴趣本来就在语文,因此在练习朗诵时不仅声情并茂,而且还细心揣摩一个字的用法或一句话的讲法。而梁宗岱仍旧是不甘寂寞,他和朱光潜围绕刚性美和柔性美的辩论尤为激烈。何其芳也不闲着,在一旁羞怯地把他的新作《梦后》拿来朗诵,期待大家评说。萧乾被在座者精彩的朗诵和议论深深地迷住了,感到朱光潜的这座客厅好似"一座金矿,到处都是闪光的矿石"。

沈从文回忆说:"北平地方又有了一群新诗人和几个好事者,产生了一个读诗会。这个集会在北平后门朱光潜先生家中按时举行,参加的人实在不少,其组织者朱光潜功不可没。"从此,他与朱光潜成为志趣相投的挚友。

朱光潜也因"读诗会"结交了许多朋友,特别是与沈从文的友谊更是香醇浓郁。1946年,北大从西南迁回北平,在景山东街中老胡同32号教师宿舍,朱光潜与沈从文又成为邻居,两人交往甚密。每当沈从文的妻子不在家时,沈从文就到朱光潜家蹭饭。之后,结伴去逛琉璃厂、鼓楼、地安门、隆福寺等处的古董店、旧书店。沈从文爱古董,痴迷于小瓶小罐;朱光潜则钟情于线装旧书。那时,朱光潜的女儿朱世乐因病在家,细心的沈从文每次外出都会为她挑个小礼物,然后在回家时送给她,为她带来欢欣。

张兆和的妹妹张允和回忆说,在姐夫沈从文那宿舍院中,还住着朱光潜先生,他最喜欢同沈二哥外出看古董,也无伤大雅地买点小东西。快到过年时,沈二哥去向朱太太说:"快过年了,我想邀孟

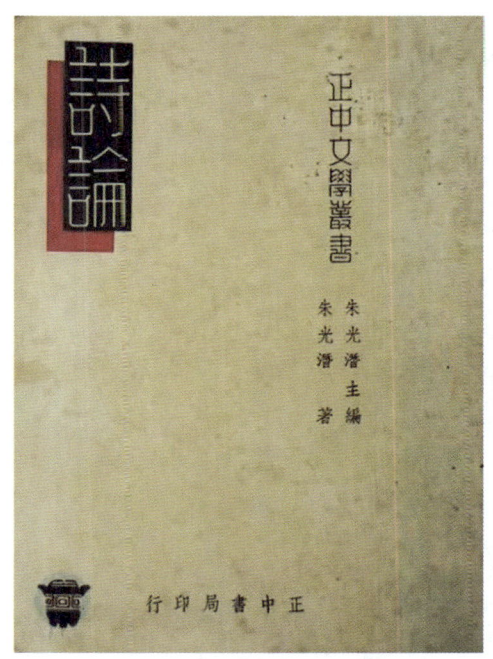

正中书局1948年3月初版朱光潜《诗论》(增订本)

实陪我去逛逛古董铺。"意思是让朱太太给朱先生一些钱。而朱先生亦会同样来向三姐要求沈二哥陪他。

朱光潜是在完成了《诗论》初稿之后,于1933年7月从法国马赛乘船返回中国的。凭借《诗论》,朱光潜赢得了胡适的青睐。胡适聘请朱光潜为北大教授,而且支持他成为《文学杂志》的主编。他们组成的"京派"文学家团体,成为20世纪30年代颇有影响力的文学派别,与上海的"海派"作家分庭抗礼。

《诗论》初稿于20世纪30年代在法国留学期间完成（前排站立右五为朱光潜）

1937年的旧历新年，朱光潜一大早就走出家门，过马路进米粮库胡同到胡适家拜年。当时，胡适刚看了曹禺的《雷雨》和《日出》。于是，两人就这两部话剧展开了讨论，畅谈各自的观点。七七事变爆发后，胡适前往美国寻求援助，后来担任中国驻美大使。而

1948年6月北大校长胡适（左八）邀请学者专家（左三为朱光潜、左九为徐悲鸿）出席艺术活动

朱光潜则先后到四川大学文学院、武汉大学执教。抗战期间，他被介绍加入了国民党。结果，这为他日后带来不少麻烦。

抗战胜利后，胡适任北大校长，朱光潜担任了北大文学院院长。在国共内战时期，他们两人在很多问题的看法上都不谋而合。此时的胡适，创办了独立时论社，朱光潜是社员。

1948年底，随着国民党在内战中节节败退，国民党政府开始"抢救"平津知识分子。在"抢救"名单上，胡适名列首位，朱光潜则名列第三。胡适在其儿子胡思杜坚决不走的情况下，仍然选择了离开，而朱光潜则留在了大陆。

朱光潜之所以选择留下，与他女儿有关，而非外界所宣传的那样。朱光潜的女儿朱世乐回忆说："当时，我只有七岁，患骨结核，每天被固定在石膏模型里，病得十分厉害。那时候也没有特别好的方法，只是用链霉素来治疗。那时候链霉素都是进口的，很难买到，也很贵，一支链霉素相当于一袋白面的价钱。别人都说，也就是在我们的家庭里，我才能够存活下来，一般人家，得了这种病都医治不起。医生认为，我的身体状况不适合移动，父亲和母亲想了半天，实在不忍心让我忍受旅途的颠簸。"

可以想见当时朱光潜的矛盾心情，面对蒋介石派来接他和各位教授离开北平的飞机，他权衡利弊之后，为了自己的女儿选择了留下。

"文化大革命"期间，朱光潜吃尽了苦头。有人问他："你后悔吗？"他回答说："不后悔。对于自己的事情，如果是你应该负责的，那就没有什么后悔的。"那个时期的朱光潜，自己编了一套太极拳，每天在固定的时间里独自打太极。

留美学者周策纵写道："1981年，我见到了朱先生，我们除了谈到他以前的学生陈世骧教授和一些文艺理论外，我就把胡先生说的话告诉他，问他的感想。他望了望陪我去的那位年轻人，然后低下头来，用十分富于感情的音调说：'你知道吗？我的大半生都在北京大学教书，我如果不到北大来，还不知终生会怎么样了。我到北大就是胡先生尽力介绍来的。'他说到这里就呛住了，沉默了许久，说不出话来。"

朱光潜的主要著作有《文艺心理学》《西方美学史》等，还翻译了黑格尔的《美学》、克罗齐的《美学原理》，被誉为中国现代美学的奠基人。

据说在他逝世的前三天，神志稍许清醒时，趁家人不防，竟艰难地沿楼梯独自悄悄向楼上书房爬去。家人发现后急来劝阻，他嗫嚅地说，要赶在死前把《新科学》的注释部分完成。1986 年 3 月，朱光潜在北京病逝，享年八十九岁。

"中国的拜伦"梁宗岱

20世纪30年代,在米粮库胡同里还有位大名鼎鼎的人物,他就是当年北京大学法文系主任兼教授梁宗岱(1903—1983)。他以通晓四国语言著称于世,还被吴宓称为"中国的拜伦"。这一方面是指他的才华,另一方面是指他的脾气。但他自己却谦逊地说:"我只有坏脾气这一点像他。"

梁宗岱从小就脾气火暴,最爱打抱不平。上学的时候,家长都嘱咐自己的孩子,离那个家伙远一点,免得吃亏。在欧洲留学时,一次在华人餐馆吃饭,一个德国人骂中国人是懦夫,他听了顿时按捺不住,冲上去便打。"文化大革命"中他被一红卫兵欺辱,惹得他怒火丛生,飞起一脚将那个家伙踢出一丈多远。

当年,二十多岁的梁宗岱有运动员般健壮的身体,一年四季只穿单衣,冬天连毛衣也很少穿。温源宁教授在一篇描写他的小品文里，说他走路像汽车一样飞快。有一次学校开会，会议前他临时到几十里外的一个村子去了，大家都以为他不可能赶回来开会了，结果他不但在开会前按时赶到，还背回一头村民卖给他的小奶牛。他的体力、臂力以及行走速度立刻成为大家的谈资，而他却认为这太平常了。

梁宗岱祖籍广东新会，他的童年是在广西百色度过的。1923年，他被保送入岭南学院读文

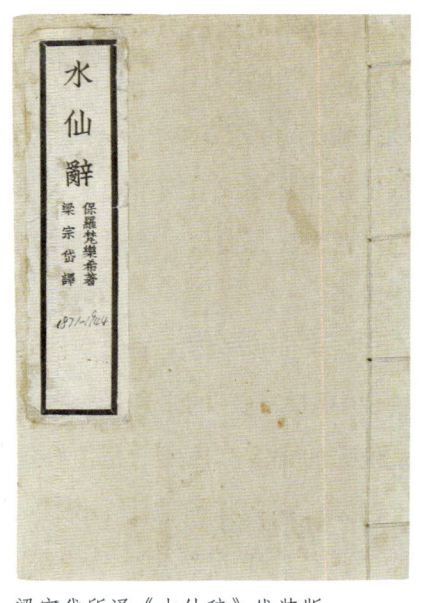

梁宗岱所译《水仙辞》线装版

科。1924年，他踏上向往已久的法兰西土地。在留法期间，他结识了法国象征派诗歌大师保尔·瓦雷里，并将其诗作《水仙辞》译成中文，寄回国内刊登在《小说月报》上，使得法国大诗人的精品佳作首次与中国读者见面。

1930年，上海中华书局出版了《水仙辞》的单行本，梁宗岱撰文全面介绍了瓦雷里的生平、人格和艺术。以后，他将陶渊明的《归去来兮辞》《桃花源记》《五柳先生传》等译成法文，并将译作寄给了罗曼·罗兰，请他欣赏中国古代诗人的作品。此举使他收到了罗曼·罗兰热情洋溢的回信和赞赏，并将其译作推荐到《欧洲》杂志上，从此他们结成真挚的朋友，并保持了多年的通信。

1931年，二十八岁的梁宗岱回到了祖国，由北京大学校长蒋梦

麟签发聘书，担任法文系主任兼教授。当时胡适对梁宗岱的才华极为赏识。梁宗岱自己也承认，刚进北大时，"胡适之对我很客气，把法文系交给我"（1932年胡适任北大文学院院长）。不仅如此，见梁宗岱在北平还没有安身之所，胡适还将米粮库住宅的偏院让给梁宗岱，两人比邻而居。这对于刚刚参加工作的年轻人来说，无异于雪中送炭。

当年，少年得志的梁宗岱家中常常是宾客满门，其中也不乏一些"中国拜伦"的崇拜者。卞之琳、罗念生、罗尔纲等，当年都曾是他家的常客。遗憾的是，好景不长，老家的发妻何瑞琼不久就找上门来，哭哭啼啼地要个说法。原来她不久前曾收到梁宗岱的信，称"愿以二千元为名誉赔偿费，从此男女婚嫁不相干涉"。于是，何瑞琼便从梁宗岱父亲处借了二百元路费，匆匆来北平找梁宗岱讨说法。

何瑞琼来了之后，夫妻为离婚每天吵吵闹闹，胡适自然听得一清二楚，妻子江冬秀便出面替何氏撑腰打气。由于梁宗岱平日说话不注意，对胡适的学问多有不恭敬的评价，遂使胡适对梁宗岱的印象也有所改变。

梁宗岱曾经说："我不否认在中国近代新文化运动中有他的一份功绩，但他的学问有其浅薄的一面。他在《白话文学史》中对杜甫律诗对仗的批评，不免说外行话，其他如谈古音，谈中国画等，尽是信口乱说……胡适在一定的程度上败坏了我们的学风。"傅斯年听后对梁宗岱说："你很直率，但胡先生怕不会接受你的看法。"果然，胡适听到了这些话，极为不满，说梁是狂人。

以后，胡适找来梁宗岱在岭南学院读书时的国文老师、北大历史系主任陈受颐上门劝说，希望梁宗岱能够接受这桩婚姻事实，消除他本人在北大的不良影响，但依旧无果。于是，胡适与陈受颐便站在梁宗岱的对立面，坚决支持他的发妻何瑞琼打官司。江冬秀还亲自在法庭上做证，竭力为何氏辩护，指责梁宗岱抛弃发妻，败坏社会道德。最终，法院判处梁宗岱败诉，双方庭外调解，补偿发妻损失费用之后方予以了结。新学期结束后，在北大下学期聘任教授的名单上，少了梁宗岱的大名。

梁宗岱与胡适闹翻脸之后，他便从胡适家的偏院搬出，暂且到路对面的慈慧胡同3号与朱光潜做邻居。两人虽为老朋友（当年同在法国留学），却在外表及性格上都差异很大。梁宗岱身体高大健壮，脾气火暴；朱光潜则长得较为矮小瘦弱，脾气温和。如此鲜明对照的两个人，平日里形影相随，成为慈慧胡同一道独特的风景线。

梁宗岱曾说："朱光潜先生是我的畏友，可是我们意见永远是分歧的。五六年前在欧洲留学的时候，我们差不多没有一次见面不吵架。如今在北平同寓，吵架的机会更多了：为字句，为文体，为象征主义，为'直觉即表现'……"翻译家罗念生曾在文章中回忆道："1935年我和宗岱在北平第二次见面，两人曾就新诗的节奏问题进行过一场辩论，因各不相让竟打了起来，他把我按在地上，我又翻过身来压倒他，终使他动弹不得。"

1934年，梁宗岱在完成了北大聘期后，告别了"畏友"朱光潜，便与恋人沉樱从上海转赴日本，二人同居于叶山，卖文为生。1935

梁宗岱、沉樱夫妇（左）与马思聪夫妇

年，梁宗岱与沉樱回国并结为伉俪，随后梁宗岱受邀到南开大学任教。1937年，梁宗岱的长女梁思薇出生。抗战爆发后，一家人离开天津，辗转至重庆，梁被迁至重庆北碚的复旦大学聘为教授。1941年，他们的次女思清出生。

虽然梁宗岱婚后与沉樱度过了一段幸福美好的生活，但万没料到的是，梁宗岱却为了一粤剧花旦甘少苏不惜抛妻弃子，一时舆论哗然。

  1941年，梁宗岱在回广西百色老家处理家务时，偶尔看了一场粤剧《午夜盗香妃》，对主演甘少苏非常欣赏，托人搭桥，二人认识了。以后，只要有甘少苏的演出，梁宗岱必到，而且演出后到后台邀请其吃饭。结果，日久生情，甘少苏正式向其夫钟树辉提出离婚。经过反复"交锋"，钟提出要三万元了断关系。

  梁宗岱听了毫不犹豫地拿出三万元，并且说，三万元能买下她的独立自由也值得。沉樱得知这个消息后，愤然带着两个女儿以及腹中的孩子，毅然决然地离开了重庆。

  人们对于梁宗岱此举多有不解和责怪。在外人眼中，梁宗岱和沉樱真是很匹配的一对，同是诗人和作家，精通外语和翻译。而甘少苏仅是个只有小学三年级文化的戏子，娶其为妻，有违身份。但也有人说，别说梁宗岱的脾气性格和才华，就是个再平庸的男人，也是希望被身边的女人欣赏和喝彩，那种心理的满足和成就感，则不是他人能体会的。但沉樱曾经说过："我是一个不驯服的太太，决不顺着他！大概这也算山东人的脾气吧。"

  在沉樱离开梁宗岱那年，她在异常复杂的心境中生下了儿子。在以后漫长的岁月里，沉樱依靠教书和写作，历尽艰难地将三个儿女抚养成人。

  沉樱的大女儿梁思薇说她母亲"对父亲一直是又爱又恨"。但几十年过去后，虽干戈已化，却难见玉帛。沉樱对梁宗岱的情感一言难尽，梁宗岱对沉樱却是无奈和难言。梁宗岱一向不谈家事，晚年频向同事提及几个儿女。但与小儿子梁思明终生未见过面。梁思明曾说:"父亲当年那样对待母亲,我不想见他。"

1982年4月,沉樱从美国回国探访亲友,先后到上海、济南、北京,见到了巴金、赵清阁、田仲济、朱光潜、卞之琳、阳翰笙、罗念生等亲朋好友。但犹豫再三,最终还是未与梁宗岱相见。沉樱写信说,"在夫妻关系上,我们是怨偶,而在文学方面,你却是影响我最深的老师,至今在读与写两方面的趣味还是不脱你当年的藩篱"。

梁宗岱与甘少苏的婚姻一直持续到老。人们喜闻乐见的"英雄救美"的传奇有了完美结局。梁宗岱在年过半百后,竟把诗歌翻译统统抛在脑后,将精力完全投入到中草药研制上。而甘少苏对此不仅默许,并且一直是他身边最忠实的"啦啦队员"。

为了制药,梁宗岱每月的生活支出不超出一百元,其余都"投资"在制药研发上。大热天躲在不到十平方米的小屋内熬制药品,同时开三个炉子,又买不起电风扇……虽然经过几十年的辛劳,但梁宗岱的制药产品未有结果。在梁宗岱去世后,甘少苏仍然执着地不愿放弃,四方奔走推广,申请专利。她说,就为梁宗岱自己常常说的那句话:"我制药的影响,将来会比文学影响大。"

梁宗岱的得意门生卢岚曾说:"宗岱师需要的究竟是一个携手共进的人呢,还是一个在旁边为他鼓掌喝彩的人?"甘少苏就是鼓掌喝彩的那个。而沉樱则自称是一个"不驯服的太太"。

甘少苏不懂诗歌,不懂外国语,也不懂中草药,但是她懂得梁宗岱的心,她从内心深处信服这个男人,对他永远充满崇拜和感激。

她曾不厌其烦地介绍梁宗岱的制药之术，说梁宗岱不走中国传统医学"以毒攻毒"的老路，而取"扶正祛邪"之法。他发明的这两种药，尤其是"绿素酊"，和抗生素一样，能消炎杀菌，应付许多突发症，并且无副作用，能增强身体的抵抗力和免疫功能。在梁宗岱生命的最后时刻，都是靠他研制的药物延长了生命。

晚年的他在病榻上，多亏这个小他十几岁的夫人甘少苏精心照顾，每天为卧床的梁宗岱翻过来调过去地擦洗身子。她曾多次愧疚地对梁宗岱说："如果不是因为我，你一个家是不会拆散的。"而梁宗岱听了反而安慰她说："这些都不怪你。"在与甘少苏生活的日子里，他写下了大量献给甘少苏的词。1944年，他把这些词结集出版，取名《芦笛风》。

中国社会科学院终身荣誉委员柳鸣九称"梁宗岱是中国翻译史上的丰碑"。他翻译的《莎士比亚十四行诗》，被悉数收入由众多译家注入心血的《莎士比亚全集》，被余光中誉为"《莎士比亚十四行诗》的最佳翻译"；他翻译的歌德的《浮士德》，虽然只有半部面世，却被海外学者认为是目前《浮士德》译本中最优秀的。

1983年11月6日，梁宗岱在广东去世，沉樱则于1988年4月病逝于美国。他们真正是"老死不相往来"。

陈布雷的女婿和女儿

陈布雷（1890—1948），自1935年后历任蒋介石侍从室第二处主任、国防最高委员会副秘书长，长期为蒋介石草拟文件，被人们称为蒋的"军机大臣"。他的女婿袁永熙是贵州修文人，出身名门望族，其祖父是清朝显宦，并与徐世昌是儿女亲家。他的父亲袁祚廙是大实业家，曾在北平担任电报电话局局长。当年，袁永熙就在米粮库胡同居住。1929年其父亲因病去世后，家人将房子转租给了胡适。

袁永熙回忆说："1928年，我父亲领着全家迁移到北平，住在景山后街米粮库胡同一幢两层小楼里。第二年，父亲就因脑出血去世。之后，米粮库胡同的楼房转让给了回国的洋博士胡适。全家搬到北兵马司一座四合院里。财产日渐减少，靠着卖古董、字画度日。虽然家道中落，供孩子们上学还是舍得花钱的。"

袁永熙那年才十二岁，虽然父亲的"肥缺"丢了，买卖亏了，最后连人也没了，但袁家后人不仅跻身于新知识分子阶层，而且大多数人投入到中国共产党领导的革命斗争中。在拯救民族危亡的年代里,他们聚集在爱国主义的旗帜下,毅然脱离了原有阶级的家庭。

1938年,袁永熙考入西南联合大学经济系,同年加入中国共产党,任中共西南联大总支部书记、宣传部部长。特别是陈布雷女婿的这个身份,为他们夫妻二人开展地下工作提供了很好的掩护。

1947年8月10日,袁永熙和陈琏在北平成婚,隆重的婚礼在东交民巷六国饭店举行,国民党军政要员、社会名流及北平市市长何思源均应邀而至。北大和清华的校友还送了一套《鲁迅全集》作为礼物。

陈琏年轻时很激进,她不顾父亲陈布雷的反对考入杭州高等学

陈琏、袁永熙1947年结婚照

堂。1939年7月她加入中国共产党，同年考入昆明西南联大，并认识了日后成为其丈夫的袁永熙。1942年她赴重庆中央大学读书，1946年毕业后在北平贝满中学任教师。

当时，供职南京国民政府的陈布雷，对女儿陈琏的婚姻非常关切，对未来女婿的出身和职业进行了"政审"。他暗中委托国民党北平市副市长张伯瑾详查袁永熙其人。调查结果是，袁永熙人品才学俱佳。而且，外交部次长叶公超是袁永熙的姐夫，清华大学孙国华教授是他的另一个姐夫，吴晗教授是袁永熙的好朋友；朱自清教授则和孙国华相熟，对袁永熙十分赏识。陈布雷听了众口评价，欣然接纳了这个门当户对、品行端庄的乘龙快婿。

婚后一个月时，袁永熙、陈琏夫妇突然被保密局北方区逮捕。由于他们坚决不承认自己是共产党员，保密局无法确定他们的政治身份，便押送到南京。当蒋介石听到被捕人员中有陈布雷的女儿和女婿时，大吃一惊。追查结果显示，陈布雷并没有将机密泄露给女儿，蒋介石才终于放心了。于是蒋对陈布雷说："我知道，你对党国是忠心的。这样吧，你可以把女儿领出来，要严加管束。"

1948年4月，由国民党外交部次长叶公超作保，袁永熙也被释放，并得到了一个美差——国民党中央信托局敌伪资产处置科科长。而学历史的陈琏则到国立编译馆工作。陈布雷之所以如此安排，原因就是要他们远离政治，安定生活。

1948年11月12日，辽沈战役结束后，陈布雷感到国民党大势已去，在决意服毒自杀前与女婿袁永熙谈话时说："我一生最大的错误，是从政而不懂政治，投在蒋先生手下，终至不能自拔。"又说，

"政治这个东西不是好弄的,你和怜儿(陈琏乳名)像现在这样,凭自己本事做点对社会有益的事情,不是很好吗?千万不要再卷到政治中去了。千万!千万!"当时,坚定信仰马克思主义的袁永熙,面对岳父的肺腑之言只是礼貌地点头应允。之后,袁永熙始终为党的事业辛勤工作,直至中华人民共和国成立后,袁永熙任清华大学党委书记。陈琏任共青团中央委员、共青团少年儿童部部长。

1957年,袁永熙被错划为"右派分子"。妻子陈琏怎么也不能想象,在刀光剑影中坚持地下斗争十几年、在监狱中经过生死考验的丈夫,顷刻之间竟变成了"反党、反人民、反社会主义"的敌人。得知这一消息的当晚,陈琏向团中央少年部的汪志馨说:"我成了'右派分子'的妻子,孩子的父亲是'右派分子',以后我怎么教育自己的孩子,又怎么做少年儿童工作啊!"倔强的陈琏第一次在人前潸然落泪。

面对突如其来的打击,陈琏无奈地与相爱十八年、共患难过的丈夫离婚,单独挑起抚养三个孩子的家庭重担。1959年,陈琏决心到农村去经受劳动锻炼。1962年,为了改变一下环境,她向党组织请求,调往上海华东局工作,并被任命为华东局宣传部的教育处处长。在几年后,"文化大革命"开始了,陈琏不断遭到批判,于1967年11月自杀身亡。

1979年,在陈琏被平反后,胡耀邦同志对陈琏曾有八字评价,即"家庭叛逆,女中英豪"。

在中共十一届三中全会后,袁永熙所蒙受的不白之冤得到了彻底平反。他先后担任政协第六届、第七届全国委员会委员,北京经济学院院长等职,1999年12月在京去世。

至情至性朱家溍

朱家溍（1914—2003）家学渊源，世代书香。他是当代著名学者，文物专家、清史专家、戏曲研究专家。其父朱文钧早年留学英国，是故宫博物院创始人之一。朱家溍被誉为"文物界的国宝"，在文物收藏与鉴定方面的造诣颇高，曾是故宫博物院资深研究员。

朱家溍早年间住在南锣鼓巷帽儿胡同。所以，他当年在工作之余喜欢出帽儿胡同西口，沿着鼓楼大街，或南或北，漫无目的地随意走。从什刹海沿岸王府古刹，到大街面上的每一家店铺，甚至犄角旮旯内的大门小户，朱家溍都能说出个条条道道，如数家珍。当然，他对地安门外大街的鼓楼、钟楼则印象更为深刻，那里也是他自少年始常去玩耍的地方。

鼓楼是北京中轴线上的重要建筑，处于北京中轴线的北端。北京有"晨钟暮鼓"之说。也就是说，那时候的鼓楼和钟楼，是为北

鼓楼

京市民打更报时的,有实用功能。

清光绪二十六年(1900)八国联军侵入北京后,鼓楼也难逃厄运,主鼓被洋兵用刺刀捅破。但钟鼓楼每夜仍向全城报时,其音色未减。直到民国初年,仍能听到它那深沉的鼓声。以后,随着社会的进步,钟表日渐普及,鼓楼也成为名副其实的历史文物了。

朱家溍回忆说:"到我十一岁那年冬天,溥仪出宫,取消优待条件。原来是銮舆卫每天派旗鼓手撞钟,銮舆卫随着小朝廷的灭亡而消失了,报时的钟鼓不再响了。钟鼓楼这块禁地从此开放。我十三岁入中学期间,登上了开放的钟鼓楼。鼓楼上除大鼓以外,通俗教育馆在楼内四角布置了鸦片战争、中法战争、中日战争和庚子年八国的侵略军占据北京等四次国耻景观展览,楼的外檐挂上一方'明耻楼'匾额。到民国十五年张作霖任大元帅时期撤下'明耻楼'的匾,换上一个'齐政楼'匾,是京兆尹李垣写的。"朱家溍说起鼓楼来,滔滔不绝。

如今,像朱家溍这样的大家已经越发少见。大家,就是有大学问、著作等身且接地气者。朱家溍的杂文包罗万象,从饮食杂说,到店铺历史、名人宅邸、戏剧票友等,无所不谈。通篇文字,平易近人,极少有生僻字,更不会去咬文嚼字,引经据典,卖弄学问。读他的一篇篇"聊东扯西"的文章,能让人增长学问,鉴别历史,开阔眼界。比如,他在《什刹海梦忆》中提到,什刹海的会贤堂原本是在白米斜街,而张之洞故居原本在北岸会贤堂的位置。以后,张家与会贤堂创办人王承武商妥对换了房子,才有了会贤堂临湖加盖了二楼;张之洞则躲进了胡同,为的是闹中取静。临了还加上一句,"大概现在已经无人知道这段换房的过程,是我以前听会贤堂老掌柜说过"。

朱家溍的观察细致入微,描述引人入胜。他在谈到"烤肉季"时这样写道:"有一个小席棚,里面总有几个人,一脚踩在板凳上,在吃烤羊肉。有一个人在切肉。这个人在什刹海一带,人都叫他'季傻子'。常听人们说,今天咱们去'季傻子'那里去吃烤肉。这一爱称后来渐渐被'烤肉季'这个名称代替了。"从这段简短的文字,我们得知了京城名店"烤肉季"的历史演变过程。读起来平易朴实,让人不禁也想吃烤肉了。

朱家溍平生涉猎广泛,但有一业余爱好堪比专长,那就是对京剧的热爱。他不仅仅是票友,能吼上两嗓子,而且还能扮相十足地登台演唱。作为一名京剧爱好者和富有表演京剧经验的前辈,他由看戏到学戏,由学戏到演戏,都出于兴趣。他嗜之既深,则力求钻研深造,从而可专业演员请教,并拜名师一招一式地学戏。

朱家溍在回忆翁偶虹的文章中写道:"我和偶虹自从认识以来,一直是研究戏的朋友。不同的是,他成为专业的编剧者,不再演戏了;而我在业余时间坚持继续学戏和不放过任何机会争取多演。1961年底,齐燕铭组织一场我和梅葆玖的《霸王别姬》在政协礼堂演出以后,政治气候逐渐变化,没有任何剧团演老戏。在这期间偶虹警告过我别再演戏。"这就是我们心中的文物鉴定专家。他是国内为数不多的几位文物界的国宝级人物之一。他除在本职工作中恪尽职守之外,还能写工楷,善绘山水,爱摄影,能写饶有意趣的旧体诗,研究和表演戏曲也是他的诸多爱好之一,令人钦佩。

朱家溍的父亲朱文钧

作为文物鉴定专家，他珍爱文物，最懂得文物对一个国家的重要意义。因此，他与同胞兄弟们一起商定，将父亲朱文钧所收藏的全部文物都陆续捐献给了国家。1953年，捐献碑帖七百余种一千多件；1976年，将两万多册古籍善本捐献给中国社会科学院历史研究所，并将全部的家藏明清黄花梨、紫檀家具和文房四宝捐献给承德避暑山庄；1994年，将二十六件珍贵书画捐献给浙江省博物馆。他捐献的文物总价值超过亿元。工作人员曾多次善意地提醒他，希望他认真想好了再捐，因为这些毕竟不是小数目。但朱家溍毫不动摇，依然坚持无偿捐赠。

故宫博物院的研究员单国强说："朱家溍家里的生活并不是很好，到现在还住在一座平房里面，我记得有一次他还欠了故宫的钱，他夫人病重花了很多医药费，那么照例这个时候，他有一批东西捐献给了博物院，他完全可以要点钱，他没要，结果欠下了六七万块钱，他靠临摹古画凑钱给妻子交住院费。耄耋老人，一连画了好几年……"后来，这件事被故宫博物院领导知道后，他们很是懊悔，赶紧为朱家溍还清了医药费，并且跟朱家溍正式表示："有什么困难就提出来，我们会尽可能地解决。"

按照故宫博物院的规定，老专家上下班可以派车接送，但朱家

朱家溍主持恢复的储秀宫原状陈列

溍坚持骑自行车上下班。有一次他骑车摔倒了,还瞒着不告诉别人,怕人家不让他骑车了。最后,院领导不得不下命令,不许他骑车上下班。

朱家溍晚年只住两间小耳房,与他早年住的宅第无法相比,而对此他却心如止水。启功先生到他家看了后戏称其房为"蜗居",并亲笔题写"蜗居"二字送给他,他将其挂在墙上。朱家溍是这样解释"蜗居"的含义的:"这不仅仅指表面上我的居室,一个人如果认定自己'窝'在这儿了,也就快乐了。"

有文章称朱家溍是国宝级大家,他却幽默地笑着说:"我算什么'国宝',东北虎才是国宝呢。"

冯友兰的"迂腐"与睿智

冯友兰《中国哲学简史》1948年初版封面

早在七七事变之前,著名哲学家冯友兰(1895—1990)也住在白米斜街,其宅院就是张之洞府邸的一部分。

冯友兰是我国著名的哲学家。他的著作《中国哲学简史》是一部可以影响大众人生的文化经典,是了解中国文化的入门书。在1924年,冯友兰获得哥伦比亚大学博士学位,之后在国内多所著名大学执教,最后在北京大学哲学系任教。其哲学著作为中国哲学史的学科建设做出了重大贡献，被誉为"现代新儒家"。

20世纪30年代初，社会动荡不安，冯友兰在清华大学任教。虽然他住在清华园的"三松堂"，却总感到不那么踏实。冯友兰夫妇便商量在城里买一处房子，以备不时之需。于是，北平研究院历史研究所所长、北师大原校长、友人徐旭生说，张之洞家的后人急于出售他家的房子，愿介绍其与张家后人洽谈。

张之洞宅邸共有三个大门，中间的院落是当时的白米斜街3号。当时张家的后人急等着用钱，所以要价不高，很顺利地就成交了。然后他就开始粉刷房屋，购置了必要的家具和生活用品。既然是"以备不时之需"，所以万事俱备之后，冯友兰并没有过来居住，而是请好友徐旭生全家及著名的民俗学家常维钧居住。直到几年后战事吃紧，日本人全面进攻中国，冯友兰全家方从清华园搬到了白米斜街。同时搬来的还有冯友兰的堂妹冯缳兰、妹夫张岱年（张申府胞弟）。

20世纪三四十年代的许多知识分子的高风亮节令人钦佩，他们为人处世明亮、畅快，遇事相互帮衬。冯友兰买下这所房子之后，不仅将房屋合理地分给朋友居住，并且不取分文。在日本人占领北平之后，清华南迁，冯友兰、张岱年两家人都搬走时，把房子托付给徐旭生全权料理。

此后，院子里又来了新邻居。据冯友兰的女儿宗璞回忆说，李戏渔先生住在垂花门外南屋，当时他在辅仁大学任教，曾多年随冯友兰一起工作。还有著名翻译家李霁野夫妇，他们住在正院内。李霁野是应辅仁大学英语系之聘从天津搬来的。那时他刚结婚不久，夫人已经怀孕，两个男孩方平、方仲接连降生，使院子里又有了新

冯友兰在书房

气象。母亲（冯友兰夫人）成了李太太的育儿顾问，事无巨细都要照料。晚上，母亲到李家一起听重庆广播，讨论时局的发展。

　　李霁野在 1925 年间曾向友人王鲁彦（著名作家，为当时在北京教书的俄国诗人爱罗先珂的学生）学习世界语，并通过这一机缘与鲁迅结识。鲁迅曾资助其入燕京大学学习，后来他成为鲁迅先生的得力助手。当李霁野住进白米斜街之后，有两位特殊的客人每个月都按时来到李霁野家。她们就是鲁迅的母亲和原配夫人朱安。

原来，自从鲁迅结识许广平后，周老夫人只承认原配媳妇朱安，并始终与其生活在一起。鲁迅去世后，周老夫人的生活费主要由许广平负担，许广平从上海汇寄生活费。由于物价上涨，汇款费用增加，所以许广平就请李霁野每月先垫付，待有人去北京时一并奉还。因此，婆媳二人每月都按时来取生活费。

据徐旭生的家人回忆说："那一时期，许广平先生正在上海编辑出版《鲁迅著作集》，每出版一部分就寄给李先生一套。我就是从李先生的书架上读到鲁迅全部著作的。同时也读了李先生的译作《简·爱》及《被侮辱与被损害的》。"

那些人心地纯朴、善良，即便是在文化思想上有论战，或是婚

周老夫人和朱安

姻发生变故，大家也能相安无事，把生活过好和把工作做好。冯友兰的女儿宗璞回忆说："闻一多先生被暗杀后，清华不再提供住所，父亲就请闻太太和孩子搬过来住（白米斜街）。"张之洞生前也许不会想到，在他去世后，会有如此多的名人学者，进出他的宅邸，使得那座幽深老宅文脉日新。

宗璞数十年来在她父亲身边身兼数职——秘书、管家、医生、护士和跑堂，如今已九十岁高龄。她在回忆父亲的文字中写道："根据父亲的说法，哲学是对人类精神的反思。他自己就总是在思索，在考虑问题。因为过于专注，难免有些呆气。抗战初期，几位清华教授从长沙往昆明，途经镇南关，父亲手臂触城墙而骨折。金岳霖先生一次对我幽默地提起此事，他说：'当时司机通知大家，不要把手放在窗外，要过城门了。别人都很快照办，只有你父亲听了这话，便考虑为什么不能放在窗外，放在窗外和不放在窗外的区别是什么，其普遍意义和特殊意义是什么。还没考虑完，已经骨折了。'"

在冯友兰的心目中，人与天地是等同的。"人与天地参"，既与天地等同，还屑于去钻营什么！那些年，一些稍有办法的人都能把子女调回北京，而他，却只能让他最钟爱的幼子钟越长期留在医疗条件落后的黄土高原。1982年，钟越为祖国的航空事业流尽了汗和血，献出了青春和生命。

宗璞回忆说："在父亲的呆气里有儒家的伟大精神，'天行健，君子以自强不息'，自强不息到'知其不可而为之'的地步；父亲的仙气里又有道家的豁达洒脱……据河南家乡的亲友说，1945年初，祖母去世，父亲与叔父一同回老家奔丧，县长来拜望，告辞时父亲不送。

而对一些身为老百姓的旧亲友，则一直送到大门，乡里传为美谈。"

有文字记载，这位世纪哲学大师在人生的最后十年，完成了七卷本的鸿篇巨制——《中国哲学史新编》。从1979年起，冯友兰每天上午在书房两个多小时，开始口授《中国哲学史新编》。那时，已经八十岁的冯友兰引孔子的话说："假我数年，五十以学易，可以无大过矣。"在他的心目中，自己活着是为了多明白哲学的道理。冯友兰在人生的最后几年里，经常住医院。宗璞回忆说："一次医生来检查后，他忽然对我说：'……我现在是事情没有做完，所以还要治病。等书写完了，再生病就不必治了。'我只能说：'那不行，哪有生病不治的呢！'父亲微笑不语。我走出病房，便落下泪来。坐在车上，更是泪如泉涌。一种没有人能分担的孤单沉重地压迫着我。我知道，分别是不可避免的。"在这部大作写成四个月后，一代哲学大师冯友兰便安然离世。

冯友兰是中国学术思想史上做出了重要贡献的杰出学者，也是对后世影响巨大的思想家之一。

启功，"姓启名功字元白"

1920年，启功（1912—2005）在八岁的时候，随着家人从河北易县回到北京。同年他家又从鼓楼西前马厂胡同迁居黑芝麻胡同。直到1957年底才从黑芝麻胡同搬走。之后由于生活拮据，启功携妻子章宝琛寄居新街口西小乘巷胡同的内弟家。直至20世纪80年代，启功才搬回北师大教职工宿舍。

在小乘巷里的一间小屋里，启功与妻子章宝琛一住就是二十多年。他被错划为"右派"的那些年是在那小屋中度过的，老伴刚离世的那些日子也是在那小屋中度过的。那些时日，小乘巷里的那间小屋已然如一把漏伞，怎挡得住几次三番的凄风苦雨？事实上，在夫人去世的1975年，启功已成了名副其实的孤儿。他无父无母，无兄弟无姐妹，无妻子无儿女，几欲自杀。

1957年6月，启功被错划为"右派"。因为郁闷，他常常呆呆

黑芝麻胡同 9 号

坐着一言不发。章宝琛为此着急上火。两个月后，启功突然对她说："如果我走了，你要好好照顾自己。"章宝琛紧紧抱着他，泣不成声："如果你走了，我活着还有意思吗？"她劝他，用自己的方式。她深知启功爱讲话，怕他吃亏，就把自己的经验告诉他："有些不该讲的话，你要往下咽，使劲咽着……"为了让启功继续写作，她又说："留得青山在，不怕没柴烧，现在没人给出版，但总有拨云见日的一天。"就这样，启功慢慢又恢复了勇气。

在"文化大革命"中，很多人把自己的作品都毁了，怕惹祸上身，但章宝琛却冒着危险，把启功的大部分手稿都偷偷保存了下来，这些她连丈夫都没有告诉。为了让启功安心写作，她替他把门放风；为了让启功吃好点，她拿出自己珍藏的首饰典卖。只是，多年的付出让她的健康出现了问题。

一天,北师大收发室送来一封信,上书"爱新觉罗·启功"收。启功在信封上郑重写道:"查无此人,退回。"他对工作人员说:"我既然叫启功,当然就是姓启名功,字元白。"有的人说:"您不是姓爱新觉罗吗?"启功却说,"爱新觉罗"如果真的能作为一个姓,它的荣辱完全要受政治摆布。这是他从感情上说不愿以爱新觉罗为姓的原因。

启功说:"我虽然不愿称自己姓爱新觉罗,但我确实是清代皇族后裔。我是雍正皇帝的第九代孙。远祖是雍正的第五子弘昼,是乾隆皇帝的异母兄弟。乾隆即位后,封弘昼为和亲王。"

这就是那个慈眉善目、平易近人的启功。在他和善的内心世界中,却有着不同于他人的做人准则。他有着超凡脱俗的人生境界,始终保留着独立的性格和人格。在北师大他的家中,求字买字的人络绎不绝。但他始终保持着文人的清高,不愿给那些捧着巨款求字的富商挥毫。而对于友人,对于那些曾经帮过他的人,则是有求必应。

启功的成才之路并不平坦。而每每在十分艰难困苦之际,总有一个人施以援手。他就是著名的历史学家陈垣。

1933年,教育总长傅增湘把启功推荐给辅仁大学校长陈垣。启功拿着自己的几篇文章和画作去拜见陈垣。陈垣认为"写作俱佳",当即把启功安排在辅仁中学教书。后来分管附中的教育学院院长发现启功中学没毕业,认为他资历不够,便将其解聘。陈垣得知此事后,将启功安排在辅仁大学美术系担任助教,结果被那个院长发现后又将启功辞退了。1938年9月,陈垣再次伸出援手,将启功安排到自己身边,与他一起教大学一年级的国文课,这是启功在陈垣的帮助下第三次到辅仁大学工作。启功能进入辅仁大学工作并且一直在北京师范大学工作到老,离不开陈垣力排众议、慧眼识珠,将只有中学学历的启功从一株幼苗,精心培育成"参天大树"。所以启功由衷地称陈垣为"恩师",几十年如一日。

启功对陈垣的尊重和爱戴,真是"信有师生同父子"。启功年年春节都去给陈垣拜年,并且要行跪拜

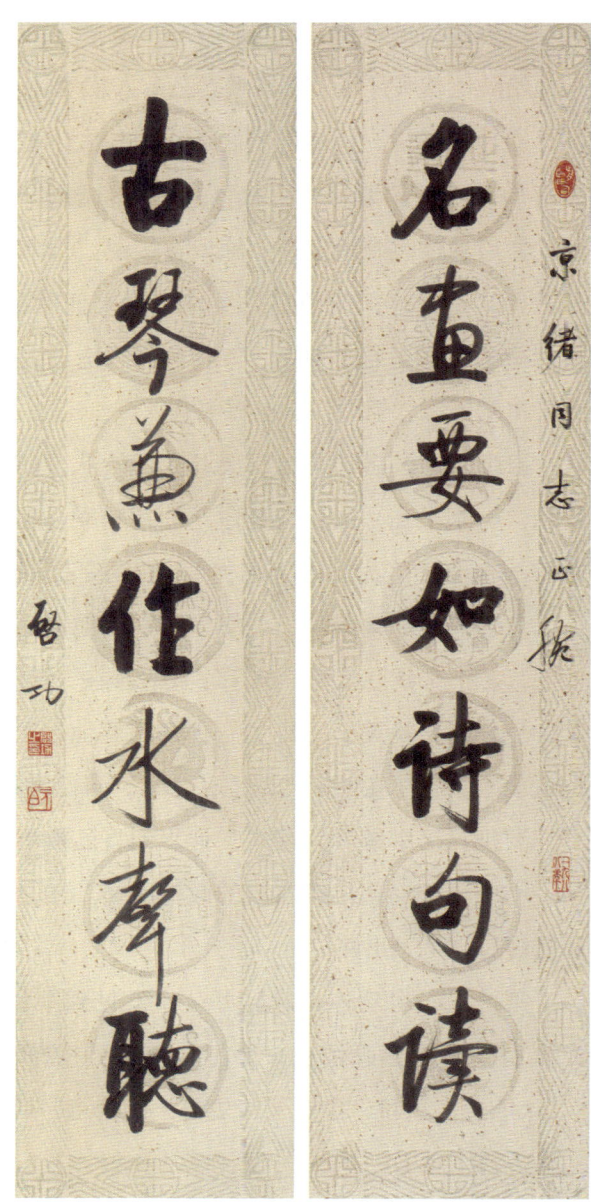

启功书法

大礼。据陈垣的孙媳曾庆瑛回忆说,她曾亲眼看到启功先生毕恭毕敬地给陈垣磕头拜年,那场景真是令人感动。

启功回忆说,抗战胜利之后,辅仁大学教授英千里出任北平市教育局局长,邀请启功去教育局工作,薪水比一般教师要高一些。为此,启功请教陈垣定夺。陈垣直接说:"学校送给你的是聘书,你是教师,是宾客;衙门里发给你的是委任状,你是属员,是官吏。你想想看,你适合干哪个?"启功听后恍然大悟,立刻婉言辞谢了英千里的委派,依旧在学校教书育人。

自那之后,启功再也没离开自己所从事的教育事业,直至生命终结。特别是在"文化大革命"的特殊岁月中,启功这样出身背景的人,自然沦落为"牛鬼蛇神",被剥夺授课资格。郁闷之时,有一天忽然有人通知启功,说军宣队要找他谈话。启功听了心里顿时发毛,急忙来到办公室。结果军代表不在,他就问其他人说有何事。其中一位说,是关于"24师"那边要调他过去。启功听了这话,当时就蒙了。启功在回家的路上,心想,自己和军队向来就没有关系,莫非要把自己继续看管起来?他想到自己被剥夺教师身份之后的痛苦,心中十分渴望接续自己的政治生命。于是,他想,就是让他去军队锻炼也是条出路。

第二天,启功连忙赶到办公室,见到军代表后方弄明白原委。原来由于启功熟悉清史,要把他借调到中华书局工作,参加校点"二十四史"项目,负责《清史稿》的校点。启功听到此,心中一块石头方落了地。

1971—1977年,启功迎来最稳定、最顺利、最舒心的一段时期,每天都心情愉快地来到中华书局上班,发挥自己的专业特长。

在中华书局工作的那段时间,启功结识了一批新朋友。他们在紧张的校点工作之余,也谈诗论画,使大家的心情舒畅。启功在工作之余,或午间休息时,随便抻出一张纸,利用校点用的朱墨,信手挥洒起来,一幅小画跃然纸上,随即就被身边的朋友拿走。平时,大家也无拘无束敞开心扉交流思想,当了解他的朋友们知道他受的委屈,对他表示同情和安慰时,他很达观地说:"运动要触及的绝非一人,荣则同荣,屈则同屈,所以不值得大惊小怪,能有机会把自己的知识用在需要的地方,就是对我最大的安慰!"

1975年,章宝琛旧疾复发,被送往北大医院。当时,启功正在位于灯市西口的中华书局校点"二十四史"。为了照顾妻子,他白天请看护,晚上就在病床前搭几把椅子,睡在她的病床边。眼看自己病情日益严重,章宝琛才告诉启功自己私自藏书、字画和文稿的地方。看着重见天日的底稿,启功泪流满面。如果不是妻子,这些心血早化为灰烬了。

两人没有生养孩子,这一直是章宝琛心中最大的遗憾。启功在辅仁大学教书时,时常和女学生去看展览。亲戚中有位老太太好意地问她知道不知道,没承想她竟然回答:"且不说他不会有问题,就是有问题我也无怨言,我希望哪个女子能给他留下一男半女,也了却了我的心愿。"在她的心里,启功就是她生活的全部,而她只有付出,甚至可以被代替。所以,在这个问题上,章宝琛在病床上叮嘱启功:"我死了以后,你一定要再找个人照顾你。"启功听后说:"老朽如斯,哪会有人再跟我?"于是两人为此还赌下输赢,启功问:"将来万一你输了赌债怎么还？"章宝琛答："自信必赢。"

　　章宝琛撒手人寰后，启功经常彻夜难眠。没有了妻子的陪伴，启功宁愿过着孤独而清苦的日子。他把所卖字画的钱和稿费两百多万元全部捐了出去，而自己依旧住在简陋狭小的房子里。

　　太多人关心启功的生活，为他做媒的人也很多，但他不同意。有介绍人来查房，见他家是双人床，说启功肯定有意。为此，启功干脆把双人床换成了单人床。

　　启功的学问涉及教育、书画、文物鉴定等方面，并且对古典文学、诗歌等也很有研究。他曾历任中国人民政治协商会议全国委员会常务委员，中央文史研究馆馆长，九三学社顾问，国家文物鉴定委员会主任委员，中国书法家协会名誉主席，中国佛教协会、故宫博物院、国家博物馆顾问，西泠印社社长。

　　启功的人生经历非凡。他一岁丧父，十岁失去曾祖父、祖父。工作不顺，险阻不断。四十五岁时母亲和姑姑相继去世。六十三岁时风雨同舟的老伴病逝，骨灰无存。启功一生无儿无女，妻子去世后，他一直过着孤独而清苦的生活，晚年承受疾病折磨。

　　2005年6月30日凌晨，启功先生魂归道山，享年九十三岁。他给我们留下了丰富的遗产和无尽的哀思。

"藏"在胡同里的"洋八路"

地安门内六街油漆作胡同21号，住着一大家子"老外"，他们被人们戏称为"小联合国"。祖孙三代，六种国籍。男主人汉斯·米勒（1915—1994），祖籍是德国；女主人中村京子，是日本人；女儿米密为瑞士籍，女婿是德国籍；儿子米德华为美国籍，儿媳是中国人；孙女米安琪为英国籍……米勒自1960年入住北京城至其去世，在北京胡同中生活了三十四年。

在中国战火纷飞的年代，米勒与白求恩、柯棣华、斯诺有着相似的经历和信念。在瑞士读书期间受中国同学的影响，他对中国人民在日本帝国主义侵略下遭受的苦难深表同情，对中国共产党领导下进行的抗日斗争极为钦佩。他通过宋庆龄领导的保卫中国同盟会见到了廖承志，坚定了他前往中国参加革命的决心。

1939年7月，米勒在获得瑞士巴塞尔大学医学博士后，只身一

地安门油漆作胡同

人远渡重洋来到中国。他带着国外援助中国抗战的六百箱医药用品和一辆大型救护车，不远万里来到革命圣地延安，并受到了毛泽东主席的亲切接见。当时担任毛泽东翻译的是中央军委卫生部顾问马海德（美国人），他们从此相识并成为终生挚友。之后，米勒坚决申请到前线去。他说，医生离伤员越近越好。

1937年冬，米勒和包括柯棣华大夫在内的印度援华医疗队一起东渡黄河，到达了太行山区的八路军总部。见到朱德总司令时，竟意外地听到了德语问候，得知朱德1922年曾在德国格丁根市的一所大学里读书后，米勒感到十分亲切。

在抗日战场上，为了及时救助伤员，米勒总是要求离战场再近一些,离伤员再近一些。在土炕上,在门板上,在几根蜡烛的照明下,他为八路军伤员实施手术,挽救了许多抗日将士的生命。作为外国专家,他将"特供"给他的鸡蛋、糖等营养品全都送给了伤员,自己和大家一起吃粗粮。在帮助中国人民抗日斗争期间,经他治疗的八路军伤病员就有九千余人。

八路军总司令朱德为此亲笔写道:"对其服务本军,表示感谢。"米勒大夫是和白求恩大夫、柯棣华大夫具有同样精神的人。不同的是,白求恩大夫、柯棣华大夫为了中国人民的解放事业很早就牺牲了,而米勒大夫则为这个事业工作了几十年。

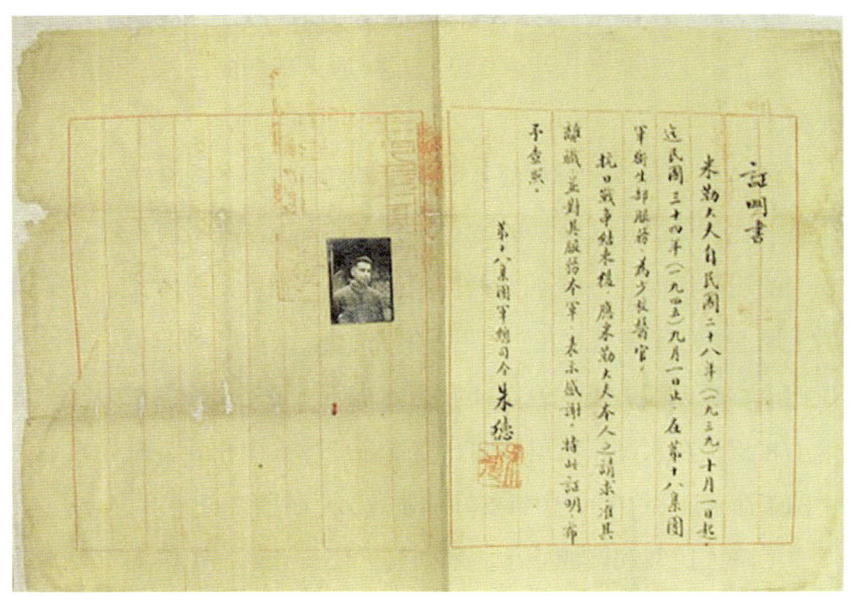

朱德为米勒写的证明书

在日本宣布投降后，米勒向朱德总司令提出了回国的申请。朱德亲自为他签署了一份证明，高度肯定了他的工作。但由于交通不畅，米勒经东北取道苏联回德国的计划落空了。如此，留在中国的米勒，遇到了他人生中的另一半——中村京子。可谓是"失之东隅，收之桑榆"。

中村京子是日本人，同样因为战争来到中国。1943年她十四岁时，来到伪满洲国锦州满铁医院护士学校学习。当日本天皇宣布无条件投降后，中村京子所在的护士学校被中国共产党领导的八路军接管。医院院长对学生说："八路军缺少医护人员，愿意参加八路军的跟我们走。"那时，日本因为战争一片狼藉，中村京子的家人也不知去向。她便毫不犹豫地参加了八路军，成为一名八路军护士。后来，当中村京子第一次遇见米勒时十分惊讶："在中国军队中，还会有大鼻子、蓝眼睛的医生？"经过几年炮火硝烟的洗礼，他们最终恋爱了。

1949年7月，在解放战争即将取得最后胜利的时刻，这对"洋八路"在天津举行了简朴的婚礼，引发了人们的好奇和祝福。用战友们的玩笑话说，"一个西洋的德国佬，一个东洋的日本兵，在中国的土地上绽放了爱情之花"。更为奇妙的是，米勒不懂日语，中村不懂德语，所以汉语成了他们日常交流的唯一纽带。他们在中国的土地上相识，在人民军队里相知，在革命的战火中相爱，最终成了为中国革命事业和中德、中日友好事业做出贡献的终身伴侣。

中华人民共和国成立后，米勒先后任长春第三军医大学附属医院院长、沈阳医学院第二附属医院院长、北京积水潭医院教授、北京医学院副院长、北京医科大学副校长等职,并成为中国人民政治协商会议第六届、第七届、第八届全国委员会委员。他的名字虽然不像白求恩一样家喻户晓,但正是他投身乙型肝炎疫苗的研制,指导流行病学的调查,为新中国医疗卫生事业的发展做出了不可磨灭的贡献。

1972年,米勒根据我国肝炎流行的实际情况,积极组织力量开展防治乙型肝炎的研究工作,亲自从日本引进较为先进的诊断技术及疫苗制作技术,以北京医学院人民医院为基地,开始乙型肝炎研究。人民医院肝病研究所在他的指导下率先研制成功国内第一批乙型肝炎血源疫苗,并将其在人群中试用,使我国乙型肝炎防治技术居于世界先进水平。

1951年,米勒加入中国国籍,后来又光荣地加入中国共产党。

1989年,在米勒来中国参加革命工作五十周年之际,卫生部授予汉斯·米勒"杰出的国际共产主义白衣战士"荣誉证书。在中国改革开放后,他们从胡同邻居们身上感受到了巨大变化。中村京子说:"我看到了他们开心的笑脸,服装样式上的变化,买菜购物的丰富,中国的变化太大了。"如此,米勒一家又投入到忘我的工作中。

俗话说得好,"到了庙里随和尚"。两位"洋八路"在北京胡同居住了几十年,也逐渐变得有北京味儿了。他家并没有大门紧闭,与世隔绝,而是与胡同里的邻居们和谐相处。每当邻居们有"头疼脑热"等不舒服,就来请米勒大夫给看看。每次米勒都不嫌弃地开门"迎客",热心地请邻居们到家里来,在房间里为他们诊治。之后,还要为他们开药、取药。时间久了,"洋八路"与北京人的邻里

名人 | 遗范长存

米勒与妻子中村京子

关系十分融洽。米勒在他们身上，感受到北京人的热情和仗义。

中村京子回忆说："米勒在晚年生病和去世之前，胡同里的邻居们都来家看望过。去年我做了一个小手术，也没有告诉任何人，可是邻居们不知怎么就知道了，纷纷过来问候我。没有什么'外国人哪，中国人哪'的区别，根本没有这个障碍。"

1994年米勒去世后，被安葬在八宝山革命公墓，与他的挚友马海德（1988年去世）墓地相邻。中村京子说："以后我去扫墓的时候，也一定去到马大夫的遗像面前，我也鞠三个躬。"米勒生前曾说过："我不在世的时候，你不要回家（日本），就留在中国吧。我们认识是在中国战场的军队里，结婚也是在军队里，我们的结婚是非常有意义的；我们不能忘记中国共产党的伟大。"而中村京子也是将中国作为自己的故乡。她开玩笑地说："做中国妇女有地位，在家里掌管财务大权。"说完，老太太自己就呵呵地笑了起来。

2004年8月23日，中村京子领到了中国第一批发放给外国人的永久居留证，那一刻，她激动万分。她说，她爱中国，要一直住下去，中国就是她的家。

第四辑

南锣鼓巷历久弥新,英才辈出

南锣鼓巷　杨信绘

僧格林沁：骁勇善战的八旗军

僧格林沁王府位于南锣鼓巷炒豆胡同。最初该府邸只是一般的郡王府，经过累年扩建改建，规模远胜于前。僧格林沁王府在鼎盛时期，分为中、东、西三路，各有四进院落。前门开在炒豆胡同，后门开在板厂胡同，纵跨两个胡同。

僧格林沁（1811—1865）是蒙古科尔沁旗人，清道光五年（1825）被封为郡王，清咸丰五年（1855）被封为亲王。

清朝后期，不管是满族王爷，还是蒙古族王爷，其中的大多数人都过着养尊处优的生活，很少有人愿意外出带兵打仗。僧格林沁亲王是少有的例外。他不愿久住京城，而是热爱戎马倥偬的生活。太平天国运动爆发后，僧格林沁奉命对太平军北伐部队围追堵截，将这支孤军深入的部队歼灭，并擒获太平军名将林凤祥和李开芳。在第二次鸦片战争中，僧格林沁在天津大沽口反击英法联军，

僧格林沁

使得英法联军在付出伤亡四百六十四人的代价后被迫撤退。人们赞扬僧格林沁治军有方,有文字评价僧格林沁治军有两个特点:一是军旅所至,首先下令安民。他吃饭时接到报告,说哪里发生了扰民事件,立刻停止用餐,翻身上马,怀揣馒头数个而往。二是军旅途中,与士卒同甘共苦。士卒不眠他不入帐,士卒不饭他不用膳。有一次军粮断绝,只剩胡萝卜数石,部下以此充饥,难以下咽,僧格林沁就坐在军帐前连吃数根,意犹未尽,众将士见了,不敢再有怨言。

僧格林沁一生东征西讨,为挽救垂死的清朝不遗余力。对于清朝,他可以说是"鞠躬尽瘁,死而后已"。对他一生的功过,后人褒贬不一。有人说他是抗击英法联军的民族英雄,有人说他是绞杀起义军的刽子手。

大沽口保卫战,是自道光二十年(1840)西方列强入侵以来,中国军队抵抗外来侵略所取得的第一次重大胜利。但在咸丰十年(1860),山东一带捻军四起,清廷重新召回僧格林沁,命其率一万余清军赴山东与捻军作战。在一次战役中,他的军队陷入捻军包围圈,他被捻军士兵杀死,终年五十五岁。

第四辑　南锣鼓巷历久弥新，英才辈出

僧格林沁戎装照

前人奎俊"栽树",后人顾孟余乘凉

南锣鼓巷黑芝麻胡同13号,原是清末满洲正白旗人奎俊(1843—1916)的宅邸。广亮的大门对面有青砖影壁墙,一对上马石静静地"卧"在门前。奎俊生前曾历任四川总督、刑部尚书、内务府大臣、上驷院兼管事务大臣等职。由于奎俊生性贪婪,故被称为"京城四大财主"之一。

奎俊生前最大的乐趣就是敛财,在就任四川总督时干了不少贪赃枉法之事。清光绪二十四年(1898),山东大灾,为了完成朝廷筹款赈灾之命,四川官绅都积极响应,捐助了不少银子,但奎俊却不将这些赈灾款入库。他将其中的少部分赈灾款汇往山东,将大部分赈灾款六千多两白银截留私吞。之后,奎俊调任京官,临走前不断哭穷。地方官为了讨好奎俊,就决定从山东的赈灾款中再提取五千两白银给他作为路费。同时,沿江州县还凑足五千两白银请奎俊笑纳。

第四辑　南锣鼓巷历久弥新，英才辈出

南锣鼓巷黑芝麻胡同 13 号顾孟余故居

奎俊在黑芝麻胡同的宅邸所使用的材料都是上等的，成本费用比同规模的宅邸要高出许多。房屋之檐柱、廊子之廊柱尺寸粗大，超过清代《工部工程则例》规定。

奎俊去世后，其宅邸由国民政府高官顾孟余居住。顾孟余在1949年离开北平去香港定居之前一直居住在此。

顾孟余，清光绪十四年（1888）生于顺天府宛平县（位于今北京市西城区），祖籍浙江。他幼年时就读译学馆，后留学德国，毕业于柏林大学。1917年学成回国后在北京大学执教，1921年任经济系主任兼教务长。

1928年，顾孟余与汪精卫、陈公博等在上海集会，成立国民党改组同志会，攻击蒋介石独裁统治，并与蒋介石争夺国民党领导权。之后，他历任国民党宣传部部长、铁道部部长、交通部部长，国民党中央执行委员，中央政治委员会秘书长等重要职务。

顾孟余

顾孟余本是位博学多才的教授，深受师生们的爱戴。他在北大执教期间，曾以教务长的身份先后主持为美国哲学家杜威、英国哲学家罗素授博士学位。在典礼上发表演讲词时，顾孟余先讲一遍中文，再讲一遍英文，接着又讲一遍法文和德文，令与会者无不钦佩和惊叹。在之后的教学中，顾孟余人气暴涨，每节课都是座无虚席。由于听课学生太多，以至于每节课都要安排在北大三院的大教室。听课者除了本系学生外，还有其他各系的学生，甚至还有外校慕名而来的学生。

顾孟余告别杏坛从政之后，一直在蒋介石和汪精卫两派之间挣扎。他一度追随汪精卫，被公认为汪精卫的铁杆。他自己也不否认他与周佛海、陈公博是汪的人马，长期随汪反蒋，与国民党中央对抗。但在事关国家民族利益的问题上，他却一点儿也不糊涂，丝毫不念多年的朋友之情和派系利益。1938年12月，汪精卫潜离重庆，赴南京成立伪政府。顾孟余当即发表声明，断绝了与汪精卫及其投日同伙的关系；因香港是投日派的据点，他遂迅速离港，投奔战时的陪都重庆。

1949年，顾孟余没有追随蒋介石去台湾，而是独自居住在香港；后来又去了美国加州伯克利；1969年赴台湾定居，三年后在台湾病逝。

晚年的顾孟余很少说话，而一开口，总是念念不忘故乡。他对身边的医护人员反复说的是这样几句话："能治好的话，能走路了，我将来带你们回北平去玩一趟。在北平有很大的房子。你看，我的钥匙这么多。"可是，他终未能等到叶落归根的这一天。

有学者撰文指出，在民国的知名人物中，有一些学识渊博，又颇具个性特点的知识分子型政界才俊，他们在国民党政府的官职上，为国家民族做过一些好事，在民族大义面前也能站稳立场，一旦进入自己熟悉而又喜爱的角色，又能发挥进步的作用，顾孟余是其中的一位。

溥仪的姥爷——荣禄

荣禄的故居在东城区交道口街道菊儿胡同3号、5号和寿比胡同6号。中华人民共和国成立后,该院曾是阿富汗驻华大使馆。荣禄故居原规模很大,共三个部分:西为洋式楼房,中为花园,东为住宅。现仅存住宅部分,为四进院落:大门三间,倒座三间,过厅三间;二进院正房三间,左右各带耳房两间,东西厢房各三间;三进院正房五间,进深两间;四进院正房五间,进深两间,东西各带顺山房三间。现为东城区重点文物保护单位。

荣禄出身于军人世家,祖上世代从军,为清朝屡立功勋。远的不说了,他祖父塔斯哈统率军队,战死疆场。他老爹长寿也不甘落后,在剿灭太平天国的战斗中阵亡。一门两代"忠烈",朝廷特意赐修"双忠祠",以示表彰。待到荣禄一辈为臣时,依旧发挥着显著作用。从甲午战争到庚子事件前后,荣禄主导编练新军,以大学士身份

菊儿胡同荣禄故居

管理部务,位居首席军机大臣。他参与了戊戌政变、己亥建储、庚子事变等晚清重大政治事件,是清末统治集团中举足轻重的人物。

荣禄如此"根正苗红"的出身,一进官场便春风得意,直接恩荫为工部主事。不仅如此,荣禄还有更过硬的"裙带"关系。他的两个妹妹,一个嫁给晚清唯一的旗人状元崇绮,另一个嫁给宗室昆冈。崇绮的老爸是道光朝的大学士穆彰阿,而昆冈后来则成为大学士。荣禄可谓左右逢源,"官系"无边。荣禄深知,要想成为慈禧信赖的宠臣,不仅要博取慈禧的欢心,而且还要跟慈禧身边的要人搞好关系。

于是,荣禄又精心设计了两个女儿的婚姻:分别使礼亲王世铎的儿子和醇亲王载沣成为自己的女婿。世铎是慈禧的心腹,长期担任领班军机大臣。荣禄跟他成了亲家,世铎自然会在慈禧耳边为他说好话。而载沣就更甭说了,是日后慈禧指定的摄政王。如此这般,荣禄跟慈禧的关系又近了一大步。

清光绪二十四年(1898),光绪帝起用康有为、谭嗣同等参与新政,准备实行变法。慈禧太后唯恐形势有变,迅速起用手握兵权的荣禄,授荣禄为文渊阁大学士、直隶总督兼北洋大臣,统率董福祥的甘军、聂士成的武毅军和袁世凯的新建军。当时,光绪皇帝依靠维新派颁布了《明定国是诏》,随后又颁布了推行新政、起用新党等一系列谕旨,引起了一班守旧大臣的极度恐慌。荣禄见此情形,立即进京与慈禧太后密谋。

这时,恰好慈禧和光绪要去天津阅兵,而且荣禄在天津已经利用海防公所旧址修建了太后行宫和皇帝行宫,预谋利

荣禄

用天津阅兵的机会,在必要时废黜光绪帝。当时,朝中的维新派也已感到形势的危急,想利用倾向维新的袁世凯在天津阅兵时,乘机杀掉荣禄。清光绪二十四年(1898)9月18日,康有为等人深感局势紧迫,于是铤而走险,决定包围颐和园,控制慈禧太后并杀死荣禄。当夜派谭嗣同将此计划告知袁世凯,并胁迫袁共同实施维新派计划。不料,袁世凯回到天津,立即把此事向荣禄告密。荣禄得知这一情况,连夜向慈禧太后报告。慈禧乃于9月21日发动政变,将光绪囚禁于中南海的瀛台,同时大肆捕杀维新派人士。

经过这次变故,荣禄赢得了慈禧太后的绝对信任,授荣禄为军机大臣、兵部尚书,节制北洋海陆各军。八国联军攻入北京,慈禧携光绪逃往西安,命荣禄为留京办事大臣。不久,又诏赴西安行走,赏黄马褂,赐双眼花翎、紫缰。清光绪二十八年(1902)1月,荣禄随扈自西安还京,加太子太保衔,转文华殿大学士。

清光绪二十九年(1903)的初春午后,清朝的掌门人慈禧罕见地离开颐和园,起驾来到交道口菊儿胡同一所中西合璧的老宅院。慈禧之所以屈尊至此,原因很简单:她的宠臣荣禄病了,并且病得极重。

走近荣禄的病榻,慈禧不忘打趣道:"听说你是康有为的余党,你可曾得到他什么新闻啦?"这话若是对别的大臣说,估计听者就要吓得尿裤子了。然而荣禄淡然一笑道:"他们已经逃亡海外了……"眼瞅着荣禄还能兴致盎然地开玩笑,慈禧心中的担忧算是暂时放下了。谁知这竟成了慈禧与荣禄两人相见的最后一面,清光绪二十九年(1903)4月荣禄撒手人寰。据说慈禧闻听荣禄死了,非常悲痛。荣禄享受到的哀荣也就可想而知了。

"民国第一外交家"顾维钧

地安门东大街23号,曾是"民国第一外交家"顾维钧(1888—1985)的宅邸,同时也是孙中山先生的病逝地。该地自1949年至今未对外开放,就连院内的"孙中山先生逝世纪念室"也难见其真容,因此人们对其平添了几分神秘和向往。

1924年底,孙中山抱病来到北京,与当时的执政党和社会各界知名人士讨论国事。12月31日下午,由天津乘专列到达北京,当晚下榻北京饭店145号房间。

1925年1月27日,孙中山为治疗肝病入住协和医院。此时,他的肝脏已"硬如磐石",敲之有声,医生回天乏术。经专家会诊,同意于2月17日出院,迁入铁狮子胡同行辕(即今地安门东大街23号)静养。北京大学为此还组织了学生军,为其站岗。

铁狮子胡同行辕,是当时外交总长顾维钧的私宅。顾维钧夫人

第四辑　南锣鼓巷历久弥新，英才辈出

顾维钧（左一）与母亲及弟弟

黄蕙兰在回忆录中记载："不久，我们因冯玉祥将军倒戈而仓皇离京。我住在天津维钧为应付这种非常局势而建的住宅里，他去上海和他的兄弟们同住。"实际上，孙中山也正是应占领北京的冯玉祥之邀，才来到北京的。不料，冯玉祥却因失败而离开北京。在顾家离京期间，此宅被政府军所占。因此，孙中山才有条件将此地作为行馆。

孙中山病逝前，就借住在顾宅西院二进院的正房里。段祺瑞政府曾向顾维钧"商借"其宅，为孙中山北上做行馆，并同意预付租金。顾维钧答复称，孙中山是"创建民国元勋，功垂寰宇"，能将自己的房屋作为孙中山的行馆是"无上之光荣"，最终决定将西边房屋无条件供孙先生居住。却不料先生竟一病不起，直至1925年3月12日逝世。

孙中山逝世后，顾维钧决定将西院的三十七间房屋捐出，作为孙中山先生行馆遗址。不久，这里改为孙中山先生逝世纪念室。外间西墙上镶有一长方形汉白玉刻石，上镌"中华民国十四年三月十二日上午九时二十五分孙中山先生在此寿终"。刻石上悬挂着孙中山的遗像。遗像的右方镜框内陈列着《总理遗嘱》，左边镜框内陈列着《致苏联遗书》。条案上放着《建国方略》《中山全书》等。其他一切均照其先前样子陈列。

孙中山先生逝世纪念室的房间，是当年顾维钧家的专用小客厅。与之毗邻的，还有他的卧室、浴室、书房和办公室。隔着大客厅，是顾维钧的夫人黄蕙兰的卧室，以及她自用的起居室、浴室和小客厅。这些房间共同组成了上房。上房的两侧另有台阶通到前面的院子。此外，院内还有为数众多的客人住房、用人住房和孩子的生活区等。

顾维钧的女儿顾菊珍，曾讲述过她与继母（黄蕙兰）生活在该院落时的过往："这个院子实际是陈圆圆的老院，这个院子最大的特色便是大。有多大呢？这么说吧：房间就有两百多个。房子多，人少，自然就很有些空旷、寂寥了。"她说："房多人少，院子空旷，就更显得距离父母遥远。"顾菊珍回忆说，父亲那时特别忙，几乎不在家吃饭，也很少能给女儿一份应有的父爱。

1922年参加完华盛顿会议后，风光无限的顾维钧回国述职，很

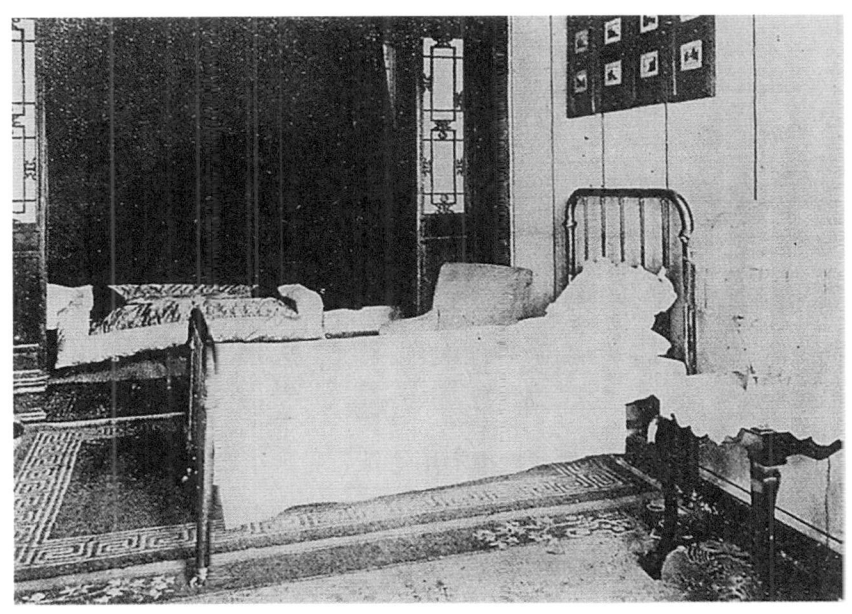

孙中山先生逝世纪念室

快就因其不凡的声望和广泛的人脉而被任命为外交总长。进京以后他就看中了这所宅院，并很快把家眷也接了过来。

黄蕙兰晚年对于初次见到此宅的印象依然十分清晰。她在回忆录中说："这就是我的府邸：一连串优雅的厅堂院落，每一处都用不同颜色的屋瓦盖顶，分布在蔚为大观的花园里，整个住宅由围墙围绕。这是一座位于城内的巨宅，占地十英亩（约合40469平方米），有两百间房屋。主要的院落都由带遮檐的回廊连接……回廊每一转折处都可以看到山石飞泉，池塘花树，赏心悦目，点缀其间。我转身望着维钧，高兴得说不出话来。"至于顾维钧是如何得到这所宅院的，黄蕙兰回忆说："这所府第是一位前政府（清王朝）官员借给他的，此人失势下台，要逃走避祸。由于害怕房子被充公，他求维钧接下来。维钧当时正处于有权有势的地位，我们住在这里，房屋便不会充公，这对房主人是有利的。"

对于黄蕙兰来说，既然喜爱这处宅院，那就不如将其买下来。黄蕙兰的父亲为新加坡"糖王"，家中堆金积玉，其父决定拿出十万元来满足女儿的要求。由于房主急于用钱，不计较房价的高低，很顺利地就成交了。之后，黄蕙兰又用了十五万元加以翻修改造，使其焕然一新。其中包括新装一套暖气系统，这可以说是一项惊人的奢侈设施，因为它在冬天要烧掉大量的煤。

黄蕙兰开心地说："我再也不用每年要受半年罪了（指冬季无取暖）。"这样就可在盥洗室、浴室、厨房等通上冷热水，将房间打通合并，装修成大客厅和舞厅。经过这次投资改造，这所宅邸变得更加奢华、舒适。比如，放在大宴会厅走廊上的十几大盆名贵金鱼，常常成为来访者观赏的重点。

1930年，蒋介石夫妇来京期间，也曾在这座府邸下榻。惯于精致生活的宋美龄，对这里的优美环境极为赞赏。顾维钧夫妇还曾在这里接待过许多国家的驻华使节或来访的官员，社交活动十分频繁。府邸中的一座座幽静院落，正好可以安排外国客人暂住。

1937年七七事变后，侵略者占据了北京，日军进驻这座府邸。从此，绿草如茵的庭院和美丽的花园被摧残得一片狼藉。直到日本投降后黄蕙兰回京，再将其从废墟中重新打理。1949年后，顾维钧全家远走海外，唯有这座宅院留存下来。

晚年的顾维钧身居海外多年，始终保留着中国国籍，这是由于他一直心系祖国。女儿对父亲的思乡之情看在眼里，为了替父亲了却这份心愿，顾菊珍每次回国时，都要代替父亲回到嘉定故园去看望家乡的亲人，转达父亲对家乡父老的深切问候；然后，再把家乡的深刻变化一五一十地告诉父亲，以宽慰父亲对故乡的思念。

1972年，出席第二十七届联合国大会的中华人民共和国代表团成员章含之，受毛泽东之托拜见顾维钧并邀请其访问祖国。

1985年11月14日，顾维钧在美国纽约逝世。

王国维留下疑问在人间

王国维（1877—1927），字静安，我国近代著名学者。他一生淡泊名利，勤勉不息，唯以读书做学问为平生追求。他在哲学、文学、文字学、史学诸领域，开山立派，卓尔不群，是蜚声中外的国学大师。

1923年6月，王国维出任清逊帝溥仪的"南书房行走"一职后，就搬入地安门内大街的织染局10号。此院房屋高大宽敞，有二十间之多。王国维在织染局10号住了近两年时间。直至1925年4月，王国维应清华大学国学研究院主任吴宓之聘任教，方迁居清华西院16号、18号。1924年初，蒋复璁去王国维家中拜望，王国维赠送了一本白纸铅印的

王国维画像

《静安文集》,里面收有他早年译的康德、叔本华的文章,拜伦的诗,以及以叔本华学说为出发点写成的《红楼梦评论》。蒋复璁问王国维以后还想用西学做点什么工作,当时正研究西北地理及元代掌故的王国维说,想用英文译本重译《马可·波罗行纪》并加以考证。可这部书没有来得及写,他就自沉于昆明湖了。

溥仪被赶出皇宫后,作为"帝师"的王国维便失业在家。此前,胡

王国维便装照

适通过得意门生顾颉刚牵线搭桥,顶着秋风如约去拜访王国维。胡适读过王国维的众多诗文,对其心仪已久;王国维对胡适的大名也是早有耳闻。于是,两代学者就各自的学术难点进行探讨。

1924年春天,清华学校要改办大学,并将设立研究院。校长曹云祥写信给胡适,聘他担任研究院院长一职。胡适不可能离开北大,他向曹云祥推荐了四个人,都是当时学术界的顶尖人物,即:梁启超、王国维、章太炎、陈寅恪。这四位国学大师的名字,令曹云祥眼前一亮。但令人没有想到的是,唯有当时没有工作,连生计都成问题的王国维坚辞不就。

开始胡适并不认为王国维是真的拒绝,以为他就是做做样子,耍耍大牌,中国知识分子多有这样的"臭毛病"。而曹云祥甚至已经在清华大学的教学计划中安排了王国维的课程,但王国维自始至终

不点头,这可难坏了举荐人胡适。为了不使这位才高八斗、学富五车的大学者被埋没,胡适打电话找到王国维曾经的主子溥仪,请溥仪来给王国维下"圣旨"。结果同样全无作用,就连曹云祥设的饭局,王国维也一口谢绝,全然不顾溥仪的面子。

为了解决王国维的生计问题,更是为了国学的传承,胡适对此始终没有放弃。某天晚上,胡适将王国维哄上汽车,带着他从地安门驶向城外的清华园。在实地感受和考察了清华大学校园后,又来到专为王国维安排的办公室,还将他未来的同事章太炎、陈寅恪、梁启超等人的大名一一报上。胡适等人的真诚和热情打动了王国维,最终他接受了清华大学的邀请,答应就任研究院导师。

即便如此,吴宓走进王国维家客厅呈送聘书时,先恭恭敬敬地站在王国维面前鞠了三个大躬,然后才说明来意。吴宓在其日记中写道:"宓持清华曹云祥校长聘书恭谒王国维先生,在厅堂上行三鞠躬礼。王先生事后语人,彼以为来者必系西装革履,握手对坐之少年,至是乃知不同,乃决就聘。"但王国维以"院长须总理中大小事宜"为由,拒绝院长职务,而专任教授。

在清华大学,王国维月薪四百块大洋,这在全国高校教授待遇中属高薪。在当时,他的名声远不及同在日本留学的梁启超,更何况他还留有那条象征"复古"的发辫。清光绪二十四年(1898),王国维在上海时务报馆做一个小书记员的时候,梁启超已是《时务报》主笔,两人地位悬殊。而他们同在清华国学院任教后,梁启超却坚持尊王国维为首席,自己甘居其后,对其广而深的学问极为钦敬。

王国维的女儿王东明回忆说:"16号是父亲的书房,为研究写作的地方。书室为三间正房的西间，三面靠壁全是书架，书籍堆放到接近屋顶，内间小室亦放满了书。南面靠窗放大书桌一张，藤椅一只，书桌两旁各有木椅一把，备学生来访时用。"在王东明的印象中，他的生活很有规律。如果没有预先的约会，他每天上午一定步行到公事房办公，下午在家中书房研读或撰稿。

在清华园中，有个流传很广、意味深长的故事。有一次王国维的太太为他梳辫子，问他："都到这时候了，还留着这东西做什么？"他回答："正是到这时候了，我还剪它做什么！"

1920年，梁漱溟先生曾在上海朋友家见到王国维一面，后来记述说，"他头顶有小发辫，如前清时那样，说话时乡土音很重，而且神情静敛寡言"。

1926年9月，王国维长子王潜明在上海病逝。王潜明早在1918年与罗振玉的三女儿结为夫妻。王国维与罗振玉的关系也从此改变，由原来的亦师亦友，成为儿女亲家。有知情者说，王潜明的病逝，对王国维的打击确实不小，加之罗振玉有迁怒于王国维的言语，二人不仅撕破了脸皮，而且有断绝来往之意……1927年6月2日上午，王国维告别清华园，坐人力车来到颐和园内的鱼藻轩前，自沉于昆明湖。其死因被称为"中国文化史世纪之谜"，至今未有定论。

据梁漱溟写文记述说，"梁任公（梁启超）某日从天津回研究院，向人谈及他风闻国民革命军北伐进军途中如何侮慢知识分子的一些传说。这消息大大刺激了静安先生，留下'五十之年不堪再辱'的遗笔"。

王国维死后，家人在他遗物中发现了他死前一日所写的遗书。

清华大学校园的王国维纪念碑

遗书条理清晰，考虑周密，足见死者绝非仓促寻死。这与他死前几日无异常举止相吻合。但遗书开头的"五十之年，只欠一死。经此世变，义无再辱"十六字，却给生者留下种种疑窦，成为九十多年来其自沉之因众说纷纭又难以确论的"谜面"。而对于王国维之死，胡适在日记中写道："此老真是可爱可敬的，其学问之博而有要，在今日几乎没有第二人。"

据王国维之子王登明撰文："1929年研究院师生立纪念碑于校园（大礼堂西南隅），由梁思成先生设计，陈寅恪先生撰碑文，林志钧先生书丹，马衡先生篆额。"碑文内容是："唯此独立之精神，自由之思想，历千万祀，与天壤而同久，共三光而永光。"

腊库胡同：徐志摩北上求学路

徐志摩（1896—1931）是一位曾经在中国文坛上活跃一时并有一定影响的作家。作为新月派的一位主要诗人，徐志摩对我国新诗的发展做出了重要的贡献，为新诗的发展进行过种种试验和探索。他的诗歌有相当鲜明的独特风格，有一定的艺术技巧。

1917年9月，徐志摩从天津来到了北大上学，就居住在景山公园东北侧的腊库胡同。这里离北京大学很近，而且是住在胡同深处，少了一些喧嚣和嘈杂。据毛子水在《北平晨报》上撰文回忆，有时到腊库胡同去访徐志摩，"远远便听见他唱戏的声音了，听那唱腔很可能是学杨小楼的"。

从1917年到1918年夏天，徐志摩都是在轻松中度过的。他在北大只是选修了自己喜欢的功课，等待着时机去美国留学。在他离开国内前，他的妻兄（张幼仪的哥哥）张君劢与梁启超沟通之后，

腊库胡同

梁启超终于答应收徐志摩为入门弟子。张君劢原本就是梁启超的弟子,他在老师面前为此没少费口舌。

梁启超当时的名气如日中天,能拜师其门下,真正是三生有幸。据同济大学教授陈从周说,为这次拜师,徐志摩的父亲徐申如出一千块银圆作为贽礼。徐申如是一位开明绅士。他开钱庄、建丝厂、办电灯公司、修铁路,富甲一方,素有"海宁的张謇"之称。这个投资看似数目很大,却是徐申如回报率最高的一次。后来,徐志摩走出国门,在老师梁启超的钟爱及呵护下,学业一帆风顺,羽翼日渐丰满。

徐志摩在梁启超任馆长的松坡图书馆当了英文秘书,之后就住在石虎胡同,1924年还在此创办了新月社,后来发展为俱乐部。主要成员有胡适、徐志摩、闻一多、梁实秋等人。再后来,徐志摩从石虎胡同搬到了东松树胡同。一年以后,他与陆小曼热恋,并在兵部洼中街共筑"爱巢"。

1926年10月,徐志摩与陆小曼在北海公园举行了婚礼。两个月后,陆小曼提出迁居上海。此后,徐志摩曾在上海和南京等大学

第四辑 南锣鼓巷历久弥新，英才辈出

徐志摩

担任教授，还办起了《新月》月刊，成为新月派的灵魂人物。1931年初，胡适特聘请徐志摩来北大任教。由于"上海生活于我确实不相宜，再兼北方朋友多，加以再三的敦促"，徐志摩又回到了北京。胡适在米粮库家中，特意为他准备了客房。这段时间，徐志摩还与其同人创办了《诗刊》杂志，并任主编，这为他们这些志趣相投的诗人开辟了另外一块阵地。他们坚信新的诗歌形式有着光明的前景，诗歌会成为独特的时代号角，诗歌便是艺术。虽然《诗刊》只出了四卷，但它在一定程度上瓦解了传统诗歌结构的地位，为新的诗歌形式打下了坚实的基础。

米粮库胡同4号曾是胡适的家，也曾是徐志摩在北京的最后一个住宿地。徐志摩的客房，就在胡适家的二楼上。他可以随时来，随时走。刚开始还相安无事，不久，胡适的夫人江冬秀便不给他好脸色了。因为她才知道陆小曼原来是有夫之妇，是在遇到徐志摩后才离婚的……用江冬秀的话说："这样的花心大萝卜，可别把我们家胡适带坏了。"开始，徐志摩并没往心里去，误以为江冬秀是因约他打麻将未果而生气。直到某天江冬秀站在客厅"开骂"，徐志摩才明白个中原因。在民国时期，教授与老家媳妇离婚成风，但这对于大字不识的江冬秀来说，心里难说会有些微妙的变化。她要尽力保护自己，保护孩子，保证丈夫胡适永远在身边……最终，在胡适温和的话语中，双方化干戈为玉帛。

其实，徐志摩在与陆小曼结婚后过得并不开心。由于陆小曼待在上海不愿与其北上，并不能与徐志摩"夫唱妇和"，徐志摩只得往返奔劳辛苦。

徐志摩的嫡孙徐善曾写道:"时过经年,徐志摩写道,这是他人生中最晦暗的时期,他的精神濒临崩溃,一年只能作诗十余首。但徐志摩依然与陆小曼维持着婚姻关系,后世学者究其缘由,提出了几种可能。其一,虽然陆小曼有错在先,但徐志摩真心爱着她,要是与她离婚,必定会使她陷入道德与经济两难的境地。其二,徐志摩大约认定,只有维系婚姻才能保住自己的颜面,维持自己正人君子的形象。毕竟,正是他为自由婚恋带来了比较深远的影响。然而,当他真正为爱步入婚姻后才发现,他的人生不仅没有走向光明,反而走向了灾难。几十年后,陆小曼承认是自己断送了丈夫徐志摩的文学事业,虽然她只将此归咎于自己羸弱的身体,而对自己的阿芙蓉癖(吸食鸦片)以及和翁瑞午的暧昧只字不提。"

1931年11月19日,徐志摩乘飞机从上海返回北京,途中因突遇大雾,飞机在济南郊外的党家庄触山坠毁。一代天才诗人,就这样结束了自己浪漫而传奇的一生,再也没有回到北京,没有回到米粮库胡同的家中……正如他在诗中所写,"悄悄的我走了,正如我悄悄的来;我挥一挥衣袖,不带走一片云彩"。徐志摩一生追求爱情,最后为爱而去,也算无憾了。

当时在青岛大学任教的沈从文,得知徐志摩遇难的消息后,连夜坐十几个小时的火车赶到济南,与从北平赶来的梁思成、金岳霖和张奚若会合,前往济南一个叫"福缘庵"的小庙,向棺木中静静躺着的徐志摩做最后的诀别。

沈从文久久地凝视着徐志摩的遗体,还清晰地记得他第一次与徐志摩会面的场景。他在《回忆徐志摩先生》中写道:"记得一见

徐志摩与陆小曼结婚照

他，只一开口就说：'你那散文可真好！'他就明白，我是个不讲什么礼貌的乡下人，容易从不拘常套来解脱一切拘束，其实还刚起床不久，穿了件条子花纹的短睡衣，一面收拾床铺一面谈天，他的随便处，过不多久就把我在陌生人前的羞涩解除了。只问问我当前的工作和生活，且就从枕边取出他晚上写的两首诗，有腔有调天真烂漫自得其乐地念起来。"人们都知道，沈从文做过"北漂"，其间得到徐志摩的欣赏和提携。徐志摩是他最感激的人之一。

此后，徐志摩的儿子徐积锴与徐志摩的前妻张幼仪的弟弟张嘉铸，也匆忙从上海赶到济南。他们共同商定，连夜将徐志摩的遗体送回浙江海宁硖石镇老家。硖石徐氏亦是海宁望族，与袁花镇查氏家族素有通婚之好。查氏家族的查枢卿与徐禄（徐志摩父亲徐申如的堂妹）结为夫妇。查枢卿、徐禄成亲以后先后生育五子一女，金庸就是其中之一。

当年金庸与这位已经叱咤诗坛，间或回乡省亲的表哥徐志摩只是见过，因为二人年龄相差二十七岁。让金庸印象深刻的是，徐志摩乘飞机触山坠亡后，他跟随母亲前往吊唁，并送去挽联："司勋绮语焚难尽，仆射余情忏较多。"

中法大学校长李麟玉

位于景山街道的焕新胡同21号是原中法大学校长李麟玉的故居。如今这个小院依然"健在",它的新主人是北京大学文化研究中心,此地仍旧是文化名流聚集之地。

李麟玉

清光绪十五年(1889)10月,李麟玉出生在天津,是李叔同的侄子。他的爷爷李世珍(字筱楼)与李鸿章是同科进士,官至吏部主事;中年辞官经商,以经营盐业、钱庄而成为富豪。

清光绪三十四年(1908),李麟玉从天津中学毕业后,同年考入京师大学堂(今北京大学前身)继续学习,

第四辑　南锣鼓巷历久弥新，英才辈出

焕新胡同 21 号

毕业后在姨父李石曾（清末重臣李鸿藻之子）推荐下赴法国留学。1915年，李石曾、蔡元培在法国组织勤工俭学会，提倡"勤于做工，俭于求学"，旨在让更多的普通中国人通过半工半读的方式达到留学的目的。1916年，华法教育会成立，1919—1920年，先后安排二十批一千七百多人到法国留学，形成了勤工俭学的高潮。其中一些热血青年，如周恩来、邓小平、陈毅等，深受马克思主义影响，投身政治活动，以后成为国家的栋梁之材。

1918年第一次世界大战结束后，留法勤工俭学运动领导人李石曾、蔡元培、吴稚晖等，积极推动法国退还庚子赔款，为进一步推动留法教育，加强中法文化交流做出了贡献。1920年10月，他们在法文预备学校的基础上创办了中法大学，首任校长为蔡元培。在当时的民办大学中，中法大学堪称佼佼者。

1921年李麟玉学成回国后，经蔡元培介绍，进入北京大学化学系任教，并兼任仪器部主任。1931年，李麟玉辞去在北大的职务，正式出任中法大学校长。

焕新胡同21号院为李氏族产家宅，李麟玉在京时始终在此居住。由于住所靠近中法大学，师生们都把他的家视为"校长官邸"，经常登门拜访求教。此处留下了许多文人的足迹。任北京大学校长的教育家蔡元培、著名的地质学家李四光、历史学家吴晗，都是这里的常客。他们以各种方式切磋交流，或谈艺论文，或吟诗作画，成就了许多佳话。至今，小院还保留着李叔同、于右任等名家的匾额。该院留下的珍贵的遗产还包括一张1920年的老照片——蒋梦麟、蔡元培、胡适、李大钊这"四大巨头"的合影。只是人们并不清楚，这四位大家的合影，就是在这座小院内拍摄的。

1950年，经费不足的中法大学转为国立大学。之后，文史系、法文系并入北京大学；经济系、生物系并入南开大学；理学院的数学系、物理系、化学系并入华北大学工学院（今北京理工大学）。李麟玉曾在华北大学工学院任副院长，他把毕生的精力献给了祖国的高等教育事业。

李麟玉曾任政协第三届、第四届全国委员会委员。

江绍原与周家的不解之情

江绍原（1898—1983），一个听上去十分陌生的名字。他是现代著名民俗学家和比较宗教学家，20 世纪中国民俗学界核心领袖人物（还有顾颉刚、周作人、钟敬文、娄子匡）之一。他是最早引进国外社会科学，较系统、较科学地研究中国迷信的学者。

据江绍原的女儿江小蕙介绍说，"江绍原家原本租住在北京后门（地安门）后局大院 5 号，房主决定将此房收回自住，他们只得另寻新住处。周作人家即将他们一家人接到八道湾 11 号后院安居，两家之间的来往更加亲密"。江家从此在这所院落安住了数十年，时至今日仍有江家后人居住于此，怀念着周、江两家先人结下的友谊。

清光绪二十四年（1898），江绍原生于北京官宦之家，祖籍安徽旌德县江村。其祖父江韵涛是翰林院编修，父亲江德宣曾任工部员外郎。江家是安徽省旌德县望族，曾任民国代总理的江朝宗（后沦为汉奸)、江绍铨（即江亢虎，著名学者，后沦为汉奸）均出于此族，此外还有胡适的夫人江冬秀。

江绍原少年时聪明好学、博闻强记，曾就读于上海沪江大学预科。1920年下半年，江绍原从北大毕业，被选派到美国深造。他先就读于芝加哥大学比较宗教学

江绍原

系，后在伊利诺伊大学拿到哲学博士学位，与江绍铨并称"兄弟博士"。回国后，江绍原被北大哲学系录用，二十五岁便当上了教授。之后，江绍原曾执教于北京大学、中山大学、厦门大学、北京女子大学、中国大学、西北大学等多所高校。他著有《乔达摩底死》《中国古代旅行之研究》《中国礼俗迷信》等专著，译著有《宗教的出生与成长》《现代英吉利谣俗及谣俗学》等十部，发表民俗小品文数百篇。但长期以来，由于人们对其迷信理论缺乏应有的了解和研究，直至1998年王文宝、江小蕙编辑的《江绍原民俗学论集》出版了，其学术成就才为更多的读者所瞩目。

在《发须爪——关于它们的迷信》这本书的导言里，江绍原表达了研究迷信和风俗的初衷。他说："我们的时代，是个科学昌明的时代。但是，在人数极多的中华民族之中，虽然的确有一部分人的思想，因受西洋科学的影响，起了变动，甚至起了革命，但更多的

中国人，耕田的，挑水的，砍柴的，当兵的，缝衣织布的，造屋搭棚的，以及我们的长辈，财主，知事老爷，总长大人，督军，督军头儿，等等，却依然沉睡在旧思想的怀抱，好像古人真有鬼附在他们身上。因此，说我们的时代是科学昌明的时代，其实只是西洋科学昌明的时代。"

江绍原在北大读书时，结识了鲁迅和周作人兄弟。在后来的民俗学研究过程中，鲁迅、周作人、胡适等都给予他许多帮助和鼓励。

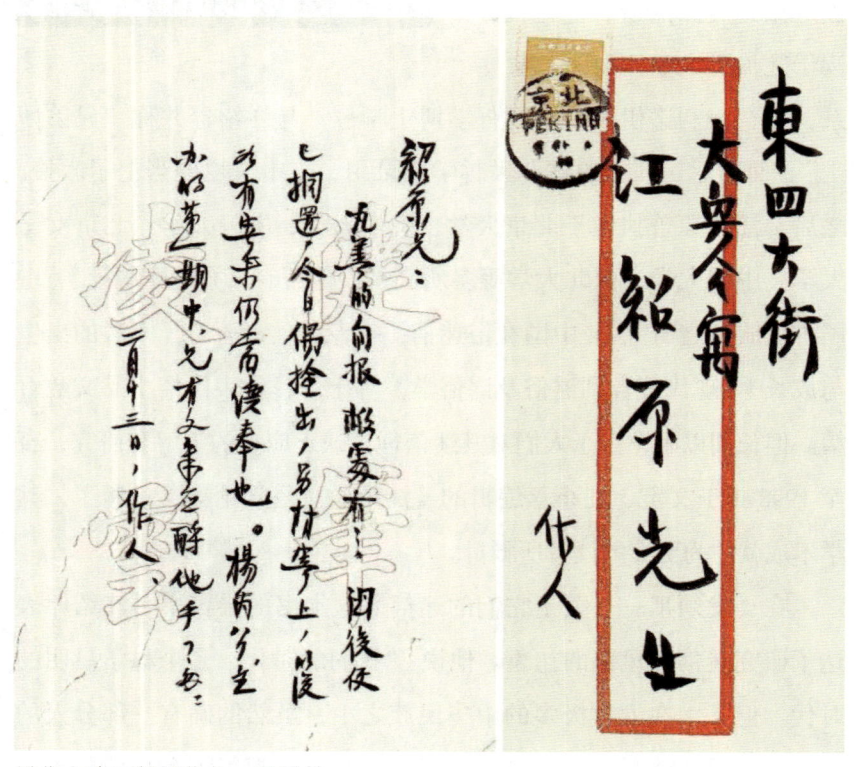

周作人致江绍原信札一通附封

他们之间往来切磋，并且提供了许多民俗和迷信的例子，最后促成了《发须爪——关于它们的迷信》著作的出版。

江绍原所从事的民俗学不是一个热门学科，因此他也不是一个热门人物。但民俗学作为从"五四"新文化运动中成长壮大起来的一个独特的学术门类，无论是其关注的内容，还是其文化人类学的研究方法，都有它独特的价值。

1927年春，应鲁迅先生邀请，江绍原赴广州中山大学担任英语系教授兼系主任，并在鲁迅的支持下，为哲学系开设"礼俗与迷信"研究课程。这是我国大学首次开设这一课程，尽管那时对于民俗和民俗学还少有人问津，并且他的授课也只在很小的圈子里发生着影响，但无论是在中国高校学科建设领域，还是在中国民俗研究领域，他的工作都是史无前例的。

虽说江绍原研究的学科有些冷僻，但江绍原家却出了个热门人物，名声在20世纪五六十年代远大过其父江绍原，这就是江绍原的二儿子江幼农（1932—1969）。他因患类风湿性关节炎，十四岁时没有念完初中二年级就卧病在床，最后全身关节僵直，连吃饭都要别人来喂。在母亲朱玉珂的照顾下，江幼农自学了中学和农业大学的课程，还学习了俄语，写了书，翻译了专著，成为青年的榜样，被誉为"中国的保尔"。

1957年，新华社以《战胜瘫痪的人》为题发出新闻通稿，在全国各大报纸刊出。那年江幼农入团了，还被选为当地街道休养学生团支部书记。1962年，他光荣地加入中国共产党，新华社又以《他没有残废》为题发了新闻通稿。从此，在八道湾11号，经常聚集着来访的少先队员和共青团员，也留下了著名科普作家高士其的足迹。江幼农还收到了来自苏联、越南、柬埔寨等国际友人的问候。

中华人民共和国成立后，江绍原先后在山西大学英语系执教，在中国科学出版社、商务印书馆任编审。他于1979年被聘为中国民间文艺研究会顾问，1983年被聘为中国民俗学会顾问。

江绍原于1983年病逝，享年八十五岁。

抗日爱国将领——赵登禹

赵登禹（1898—1937）故居在鼓楼东大街南侧的辛安里胡同98号。如今，人们站在院门前已经想象不出故居当年的模样。有文字记载，该故居曾经被改建为东城中医院。有记者在沿着胡同转了几圈之后，却找不到"中医院"的影子，在询问胡同里的居民后方得知，"中医院"早就搬迁了。如今的民进中央开明画院，就是在"中医院"原址上新建的，该址也是赵登禹故居所在地。

赵登禹故居的历史遗迹，在"中医院"时期就只剩下两座假山和一个大号的荷花缸。如今，刚刚竣工不久的"画院"，以全新的时尚建筑风格矗立在小胡同中，赵登禹故居的遗迹全无。

据说，在赵登禹购置这所四合院时，冯玉祥组织的察哈尔抗日同盟军刚刚被逼解散，赵登禹率领的132师正在北平南苑驻防。赵登禹在搬进这座院子之后，就将在山东菏泽的老母亲及家眷一同接到北平。不久,他的女儿赵学芬在这个院里降生了。

  1914年,赵登禹刚满十六岁,他怀着救国救民的雄心壮志,踏上了千里投军的征程。当时,中国刚推翻了清王朝,又经历了袁世凯称帝和张勋复辟等闹剧,接下来军阀混战,天下大乱,民不聊生。

  赵登禹了解到冯玉祥的部队军纪严明、爱护百姓,于是他和二哥赵登尧,同村好友赵学礼、赵全胜一起离开家乡,跋山涉水,沿途讨饭,不分昼夜行走了二十多天到了陕西潼关,找到第十六混成旅旅长冯玉祥。不料,当时冯玉祥的部队不招新兵,军中管事被赵登禹千里投军的精神所感动,才勉强收留他当了个副兵。连长一见他就说:"你要知道,当副兵只管饭,不发军饷。"赵登禹坚定地回

赵登禹纪念塑像

答:"我当兵不是为了发财,要是为了捞钱,我就不跑这么远当兵了。"

熟悉赵登禹的战友都知道,赵登禹不仅是作战勇敢、智勇双全的将军,还是军中尽人皆知的孝子。母亲搬到北平后,无论军务有多繁忙,他每天都要到母亲跟前请安。卢沟桥事变发生后,他率部痛击日本侵略者,牺牲前最后一句话是:"军人战死沙场

赵登禹

原是本分,没什么值得悲伤的。只是老母年高,受不了惊慌,还请副军长替我安排一下,此外我也没什么心事了……"

赵登禹的牺牲,对其家庭的打击可谓天塌地陷。其母年近七十岁,备尝老年丧子之痛;其妻倪玉书时年仅二十七岁,身怀七个月身孕,华年丧夫;其子学武四岁,其女学芬两岁,尚不解生离死别,即与父亲阴阳暌隔。丧夫之痛让倪玉书常年以泪洗面,终至精神恍惚,无力持家。幸得赵登禹的堂弟赵登舜担起了兄长的遗责,在兵荒马乱中扶持这一家孤儿寡母。

当时,赵登禹的两个孩子年纪还小,对父亲的印象不深。给他们留下了深刻印象的是,小时候玩耍时跑上跑下的那两座假山,以

赵登禹路

及站在院子里抬头可见的鼓楼屋脊。

别看赵登禹将军是名武将,他还是位极有爱心的环保志愿者。在北京动物园保存着这样一份档案,是当年赵登禹写给该园的一封信,其主要内容是:"敝师驻防塞北,日前偶在该山得获火狐两只。因敝师不便饲养,恐日久伤其生命,殊为可惜。素念贵园万牲罗列,以供游人观瞻。兹特派副官携牲送上,即请查收为荷。此致万牲园,师长赵登禹。"

在战事十分繁重之时,将士们意外地获得了两只赤狐,赤狐俗称火狐。为了不使这两只小动物受到伤害，赵登禹将军决定将它们马上送往京师的农事试验场（即北京动物园的前身）。他亲笔致信，让其副官携两只火狐，一并送至，从一个侧面展现出赵登禹将军热爱生命、热爱生活的一颗赤诚之心。

1952年6月11日，中央人民政府主席毛泽东为赵登禹亲属签发了"军人家属光荣纪念证"。

如今，北京卢沟桥西道口有赵登禹将军墓，西城区有赵登禹路，通州区有赵登禹大街，丰台区有赵登禹学校，体现了首都人民对英雄赵登禹的永志纪念。

第五辑

什刹海，数不尽风流人物

银锭桥与钟鼓楼　杨信绘

涛贝勒爷的新生

载涛(1887—1970),字夜云,宣统年间(1909—1911)因是摄政王载沣之弟而受重用,历任禁卫军训练大臣、主持军谘府。民国年间,一直被视为皇族领袖。清朝覆亡后,皇亲国戚断了俸禄,生计日渐拮据,涛贝勒曾起大早在德胜门"鬼市"练摊。即便如此,载涛在溥仪曾以伪满洲国皇帝名义多次召他赴长春当官,以及后来伪华北政务委员会委员长王揖唐许以高薪请其出山时,他都不为所动,坚决予以回绝。他宁肯贫困潦倒,也不做汉奸求荣。其高尚的民族气节,令人称赞。

在伪满洲国垮台后,溥仪的二妹韫龢历经颠沛流离,像难民一样沿路乞讨回到北京。面对几十口子人等着吃喝的境况,皇叔载涛则每天天不亮,就跟妻子一起去"鬼市"卖"破烂"。一开始载涛骑自行车带妻子去,到后来连自行车都卖了。冬天下雪两人倒退着背

宣统二年（1910）载涛（左二）在彼得保罗要塞和当地官员合影

风走到市场，日子过得非常艰辛……俗话说，"瘦死的骆驼比马大"，载涛也顾不上皇族贝勒爷的身份，在德胜门"鬼市"趁着天黑将几件瓷器赶紧出手。他从来不讨价还价，就怕遇到熟人，面子上不好看。最开始并没引起外界的注意，一天，载涛错将一明代瓷器当作普通"茶碗"给卖掉了，让买者捡了个大便宜。从那以后，一传十，十传百，在载涛的地摊前，见天都有人围着看，涛贝勒摆地摊的消息很快就传开了。一时间，满城风雨，闲话不断，亲戚家人也都责怪他。

新中国成立之后，街道派出所所长登门拜访说："你虽然是皇族遗老,却不是顽固守旧的那种人。从辛亥革命到国民党政权垮台,在政治上你做到了一尘不染,很不容易。在群众中有威望,现在请你出来参加街道工作。"从此,他协助民警查户口,与邻居一起搞卫生,支援抗美援朝活动……载涛忙碌的身影闪动在大街小巷中。其中,令载涛津津乐道的一件小事是,人们不再称呼他"七爷"或"贝勒爷",而亲切地称呼他"老载"。他觉得很新鲜,好像这个新称谓缩短了自己和人们的距离。

1950年春,载涛应邀列席了全国政协一届二次会议。在周恩来总理的关心下,当时在胡同口摆摊的载涛接到了中央领导的指示,"小摊不要摆了,立即发给救济款……"北京市正式成立了北京民族

柳荫街涛贝勒府

事务委员会后，邀请载涛担任副主任。从此，载涛成为国家干部，每月有了固定收入。他在工作中尽职尽责，上下班从不迟到早退。再有就是开会发言时，他总是那句话，"一定按上级指示办"。

当年，载涛没有了"铁杆皇粮"，生活窘迫之下，将龙头井胡同的涛贝勒府作价十六万块现大洋租金，以百年为限典给了天主教本笃会，用作辅仁大学的校址。然后，他花八万块大洋在宽街附近购买了山老胡同和西杨威胡同两座旧宅院，全家老小几十口人搬了进去。如今，除了定阜街上的辅仁大学旧址外，还有柳荫街十三中学校址，都是当年贝勒爷载涛的宅邸。

1935年，溥仪从长春专程到遵化马兰峪（东陵）扫墓，日本特务动员载涛去迎接"康德皇帝"，并一起赴沈阳北陵扫墓。载涛不仅自己坚决不去，还说服在北京的遗老遗少都不要去迎接溥仪。他义正词严地对那些日本特务说："我是民国人，决不留恋过去的清朝，也决不欢迎'康德'回来扫墓。"

1936年初，身为华北军政要员、平津卫戍司令的宋哲元以"经纬虚宇，笼络河山"为名，请载涛出来做官。他知道载涛有喜马嗜好，特地挑选了三匹骏马派人送给载涛。但载涛却以没有养马棚为由，把马退还给宋哲元，并婉拒邀其出山的邀请。

1950年9月，毛泽东亲笔签名任命载涛为中国人民解放军炮兵司令部马政局顾问。载涛激动地说："我也感到十分荣幸，因为共产党能把亿万人民团结住，就显示出它的强大威力。只有得民心的政党，才是最有前途的。共产党是能治乱世的党，中国兴盛是大有希望的，我就是有这种感觉和看法，才愉快地接受了'弼马温'这一职务，并要全力把工作做好，这也算对人民的一点贡献。"

载涛自十几岁起学习骑马射箭，不仅骑术精湛，而且对马颇有研究。任何一匹马只要从他面前经过，他就能准确说出这匹马有几岁口。同时，他仅凭直观就能分辨出各类马种，特别是他在改良马种方面，具有非常高的见地和心得。

1970年载涛在北京逝世，享年八十三岁，葬于八宝山革命公墓。从末代皇叔到解放军中的马政顾问，从晚清最有实力的皇亲贵胄到普通公民，载涛的传奇经历为他的家族谱写了新的篇章。

"清末首富"盛宣怀

来到旧鼓楼大街的小石桥胡同东口，金碧辉煌的牌楼在胡同口赫然屹立。而旧时匾额上的"盛园"二字已改为"竹园"，原本刻有"盛园坐落在小石桥胡同24号，清朝末年邮传尚书盛宣怀府第"的石碑也被移走。盛园原是清朝末年邮政大臣盛宣怀的私邸，也曾是太监李连英的花园，是典型的中国庭园式建筑。

在盛宣怀（1844—1916）一生的经商和从政生涯中，有多项"开天辟地"的惊世之举。他创办了中国第一家民营股份制企业——轮船招商局，第一个电报局——中国电报总局，第一家银行——中国通商银行。这些企业都是有晚清政府参股的大型企业。当时有人说他"手握十六颗夜明珠"，反映出盛宣怀在实业界的显赫地位。同时，他还创建了中国第一座公共图书馆，开办了中国红十字会等公益事业，被称为"中国实业之父""中国商父""中国高等教育之

第五辑　什刹海，数不尽风流人物

父"。盛宣怀作为洋务运动的一员干将，一生亦官亦商、亦中亦洋，创造了中国洋务史上的十余项"第一"，极大地影响了中国近代工商业及教育文化的发展。

盛宣怀的经济思想比较现代化，很早就采用了集资参股的办法。他也在新兴企业中投资参股，成为大股东。对于如

盛宣怀

华盛纺织厂等不太大的企业，他通过收购小股东股份，逐步将其变为盛家控股的家族企业。经营洋务企业四十年，他积攒了一千多万两白银，在上海南京路盖起中西合璧的盛公馆，使盛家成为令人瞩目的豪门。

"一个盛宣怀，半部晚清史。"盛宣怀经手了洋务运动诸项要政，而且他生前十分重视企业档案和个人档案的保存。盛宣怀曾孙盛承洪热衷收集流散民间的盛宣怀档案。在近年上海的一次拍卖会上，他以八十多万元人民币买下两大册盛宣怀档案，后来将其拍成数码照片，送给了上海图书馆。如今，收藏于上海图书馆的"盛宣怀档案"，共有16.9万件，成为研究中国近代史的重要文献。

1916年，盛宣怀在上海病逝。他遗嘱将其家产的一半，捐赠为慈善基金。盛宣怀生前先后共有七房妻妾：两位夫人、五个妾。庄德华是盛宣怀的第二位夫人，庄家是常州望族，世代书香。庄夫人

小石桥胡同盛宣怀宅邸

比盛宣怀小二十二岁,她有两大特点:一是信佛,二是精于治家。庄夫人为他办了极其盛大的葬礼,轰动上海,耗资三十万两白银,送葬队伍从斜桥弄(吴江路)一直排到外滩。为此,租界当局还进行了交通管制。

英家人才辈出，薪火相传

西安门大街路北 103 号是一座临街的砖木二层小楼，它是我国著名爱国教育家、慈善家英敛之的故居。英敛之（1866—1926）是天主教徒，满族正红旗。清光绪二十四年（1898）前后受康有为、梁启超变法思想的影响，开始评论国事。清光绪二十八年（1902）在天津创办《大公报》，以后又创办辅仁大

英敛之

学,并担任第一任校长。

英敛之自幼家境贫寒。如果说英敛之的父亲是摇煤球的,您肯定不会相信。摇煤球的能"摇"出如此优秀的后代?但事实的确是这样,其父是大字不识一个的社会最底层的劳动者。在他的五个儿子中,也只有英敛之自学成才。

英家世代为旗兵,清初随顺治帝入关,其祖辈均不识字。英敛之出生于北京海淀区黑山扈附近。当年,这里是旗兵驻扎地。他的其他兄弟都是体力劳动者。英敛之从小就表现出对识字的渴望。家里买不起纸本,他就到茶馆将丢弃的包装纸捡回家,每天坚持写字练书法。以后遇到一位教书先生,发现英敛之聪明好学,就要他做书童。在求知欲最为旺盛的时期,他在跟随先生做书童之余,从经史子集到稗官野史,无不广泛涉猎。英敛之就是靠幼时自学文化,并在之后博览群书,日后成就一番大事业的。

清光绪二十七年(1901),英敛之在天津筹办《大公报》,得到法国领事馆和天主教的支持,并于次年6月正式创刊。1912年2月12日,清室退位,民国成立,英敛之也随之"退位"。之后,他将个人事业转向教育,创办了辅仁大学的前身辅仁社,并担任社长。1926年1月10日,英敛之因病逝世。生前著有《也是集》《万松野人言善录》《安蹇斋丛残稿》等作品。

英家第二代是英千里(1900—1969)。他在十三岁时被父亲英敛之送往欧洲读书,二十四岁自伦敦大学毕业后回国,协助其父筹办辅仁大学。1927年,在辅仁大学任教授兼秘书长。抗日战争胜利后,任北平教育局局长及社会教育司司长。1949年赴台湾后,在台湾大学、辅仁大学任教。1969年，英千里在台北病逝。

英若诚（1929—2003）是英家第三代杰出人物。他于1945年考入清华大学外国语言文学系。他从学生时代起就投身钟爱的舞台艺术活动，于1950年考入北京人民艺术剧院。在几十年的舞台生涯

十三岁的英千里（左）在比利时与雷鸣远神父合影

中，他塑造了一系列光彩照人的艺术形象。

改革开放后，英若诚精通的"洋文"终于派上了用场。他将中国著名话剧《茶馆》译成英文并在国外出版；同时，又将国外一系列优秀剧目等翻译成中文，并引进到北京人艺排演，借此还举办了一系列中外文化戏剧交流活动。

英若诚1983年被任命为文化部副部长。2003年因病去世，时年七十四岁。

英若诚的儿子英达，是英氏家族中的第四代名人，著名影视人。他1983年从北京大学心理学系毕业后，赴美国密苏里大学学习戏剧。他集导演、演员、主持人于一身，导演拍摄了情景喜剧《我爱我家》等，奠定了其中国情景喜剧掌门人的地位。

护国元勋蔡锷与小凤仙

清光绪八年（1882）十一月初九，蔡锷出生于湖南邵阳县亲睦乡（现湖南省邵阳市大祥区蔡锷乡）一个贫寒的裁缝家庭。蔡锷在十七岁那年，曾先后两度赴日留学，先读商科，后攻军事。五年后回国，督练新军。

清宣统三年（1911），蔡锷二十九岁，在云南响应武昌起义，被公推为领袖，后任云南军政府都督。如日中天的青年将军蔡锷深得袁世凯赏识，蔡锷也在公开通电中称袁"宏才伟略，群望所归"。在1912年，袁世凯成为中华民国大总统之后，蔡锷"奉旨"赴京任北洋政府高官。

1915年，袁世凯决意称帝。蔡锷不能容忍洪宪帝制闹剧，他誓言"以武力为四万万人争人格"。袁世凯发觉蔡锷不拥护他做皇帝，便将蔡锷软禁于京城，以防止其回云南起兵反袁。于是，蔡锷以身

云吉班旧址

体不佳为由,肯表准予休养。无事可做的蔡锷郁闷之极、度日如年,报国无望,归乡无期。而小凤仙,就出现在蔡锷和袁世凯决裂的这个时间节点上。

如今,前门八大胡同还有当年云吉班的旧址。当年京城名妓小凤仙就在这里"上班"。但云吉班上下人等都没有想到,这个被"转让"来的身材娇小、皮肤白净的小女子,挂牌不久便以才貌色艺俱佳而名震京师,成为民国初年北京城红极一时的名妓。更令人没想到的是,小凤仙其人竟能与护国大将军蔡锷连在一起。

这一年,蔡锷三十三岁,小凤仙十七岁,都在人生中最好的年华里。据介绍蔡锷与小凤仙相识的李鸿祥将军说,蔡锷在结识小凤仙后,就在他所住的棉花胡同附近,为小凤仙租了一处房子,并且亲笔为小凤仙题联"不信美人终薄命,古来侠女出风尘",公开张扬自己金屋藏娇。当时,蔡锷与小凤仙的交往,对其家人都是公开的,目的是蒙混袁世凯的眼线,让他们误以为蔡锷不问国事,沉迷女色。

20世纪80年代,蔡锷的女儿蔡淑莲曾说过:"妈妈以前有小凤仙的照片。有一次父亲带着母亲去看戏,还远远指给她说,那就是小凤仙。母亲说长得端端正正,穿得朴朴素素,是个像样的女孩子。"这一事实说明蔡锷对小凤仙处之泰然,彼此之间并没有什么不可告人的秘密。或者说,那个年代男女地位不平等,男人有三妻四妾,稀松平常。但也有另外的说法是,蔡锷扬言要把小凤仙接回家来,其妻刘侠贞宁可与丈夫决裂也不同意。蔡老太太一开始就站在儿媳一边,经常一把鼻涕、一把眼泪地数落儿子的不是;并且说严冬将届,北方天气太冷,老年人实在吃不消,倘若媳妇要回老家,她老人家也要一起南归。就这样,蔡老太太和刘侠贞离京南下。过了许久,等蔡锷也脱离虎口,人们才恍然大悟,原来这是蔡锷筹谋的一出苦肉计。

总之,不论从蔡锷当时的具体环境,还是从他与两位夫人的相处情况看,说他与小凤仙"相恋"是"子虚乌有",说不通的。小凤仙对蔡锷的成功返滇起了一定的掩护作用,但却也是她所始料不及的。蔡锷是胸怀大志、腹有良谋的有志之士。他在身陷袁世凯牢笼、只求插翅高飞的特殊时期,一度与小凤仙有所交往,并不表示他就与小凤仙有什么"恋情",这只是他反袁谋略中的一个环节。况且他们之间的境遇完全不同,小凤仙面临的是生活艰辛,而蔡锷面临的是政治压力,他日思夜想的是怎样挣脱袁世凯的羁绊,回到云南昆

第五辑　什刹海，数不尽风流人物

蔡锷

明发动武装起义。最终，蔡锷终于觅得良机，奔回云南，通电起义，发动了著名的反袁护国战争。

1916年3月22日，袁世凯被迫宣布取消帝制。此刻，蔡锷却病情恶化，无力坚持继续前行。他草草处理了四川省善后事宜，即于9月东渡日本治喉癌。他最终因病情恶化，病逝于日本福冈，年仅三十四岁。

据说小凤仙当时一身素衣参加蔡锷的追悼会，而后便退隐江湖，隐姓埋名，销声匿迹。

小凤仙后来流落沈阳，嫁给一普通工人，日子过得艰难。长期担任梅兰芳秘书的许姬传在《许姬传艺坛漫录》一书中有《我所见到的小凤仙》一文，讲到1951年梅兰芳率剧团去朝鲜战场为志愿军演出，途经沈阳时，收到小凤仙的一封信，信上说三十四年前曾与梅先生在某次聚餐上见过一面，希望梅先生能"赐晤一谈"，并说现在已改名"张洗非"。梅先生虽然已经记不清当年聚餐的事情，但还是同意许姬传的建议，和她见了面。见面后小凤仙恳求梅兰芳为她找工作。以后，沈阳市政府安排"张洗非"在幼儿园做保育员。

沈从文:"北漂"之华丽转身

沈从文(1902—1988)是湘西凤凰人,有兄弟姊妹共九个,他排行第四。上学时的沈从文经常逃学,出了家门就直接到村口的土地庙,将书包藏在神座龛子里,便和小伙伴们去"认识本人生活以外的生活"。当然,他一旦逃学被发现,便会被家长暴打和罚跪。

沈从文十五岁就离开了家,随当地的土著队伍(俗称土匪)浪迹湘、鄂、川、黔一带。当时湘西十县正由一位名叫陈渠珍的军人统领。陈氏虽是武人却好读书,常以曾国藩自许,每天治学与治事的时间大致相等。沈从文负责给他管理书籍、古董和书画,使沈从文有了充裕的读书和学习时间。后来他在文章中回忆说:"由于应用,我同时就学会了许多知识。又由于习染,我成天翻来翻去,把那些旧书大部分也慢慢看懂了。"对知识的渴求和对外面世界的向往,让沈从文感到一阵从未有过的躁动,后来他揣着陈渠珍发的三个月薪资——二十七块大洋来到了陌生的北京。从此，湘西沅水边少了名年轻的士兵，而中国文坛则多了位有灵性的作家。

1922年，沈从文经过了十九天的长途旅行后，终于到达北京前门火车站。他"呆头呆脑"地在车站前站了好一会儿，颇有些"拔剑四顾心茫然"之感。这个典型的"北漂"青年，到了北京后都不知道去何处落脚。沈从文回忆说："这时，走来一个拉排子车的，高个子，一看情形知道我是乡巴佬，就告诉我可以坐他的排子车到我所要到的地方去。我相信了他的建议，把自己那点简单的行李，同一个瘦小的身体，搁到那排子车上去，很可笑地让这货运排子车把我拖进了北京西河沿一家小客店，在旅客簿上写下——沈从文，二十岁，学生，湖南凤凰县人。"从此，沈从文便开始"进到一个使我永远无从毕业的学校，来学那课永远学不尽的人生了"。

两年过去了，沈从文的"北漂"生活并不顺利：考试落榜、投稿被退回，日子实在过不下去。无奈之中，他写信向当时几位有名的作家求助。当时任教于北京大学的郁达夫接到信函，便前往沈从文的住所探望。那天，郁达夫见沈从文的住所太冷、衣着太少，便把自己戴的淡灰色羊毛围巾送给他，还请沈从文吃了顿饭。吃完饭后，郁达夫拿出五块钱结账，饭钱一共是一块七毛多，找零的钱，郁达夫全部给了沈从文。那天，沈从文拿着钱，回到家中，感激得大哭起来。

半个世纪后，郁达夫的侄女郁风在拜见沈从文时，沈从文依旧对这件事念念不忘。

后来，沈从文遇到了人生路上的贵人——徐志摩，从此生活得到了彻底的改变。对于徐志摩来说，沈从文是弟子与朋友。他们既不是同学，也不是同乡，更没有师承。就是在沈从文前程无望时，徐志摩对他始终如一地提携。特别是在徐志摩主编的《晨报副镌》上，沈从文出尽了风头，连续不断地发表作品。

1929年，徐志摩将沈从文推荐给了胡适。胡适当时担任上海中国公学的校长。此举极大地改变了沈从文的人生状态，大学教师是受人尊敬的职业，与写作赚钱是完全不同的。当年，胡适、徐志摩这些"海归"是不徇私情的。胡适心里也自然清楚，徐志摩推荐的这位学历不高者，绝非等闲之辈。

沈从文在后来多次谈起此事，由衷地表示："适之先生的最大的尝试并不是他的新诗《尝试集》，他把我这位没有上过大学的无名小卒聘请到大学里来教书，这才是他最大胆的尝试。"

在沈从文第一堂课的学生中，就有后来成为他妻子的张兆和。张兆和聪明可爱，单纯任性，是中国公学的校花。沈从文很快便爱上了这位活泼的女弟子。

木讷的沈从文不敢当面向张兆和表白爱情，只是悄悄地给她寄去了一封封文字优美的情书。后来张兆和拿着这些信找校长胡适理论，孰料胡适看了竟然夸奖沈从文写得不错，不但劝她接受沈的爱情，而且还要亲自做媒："我和你爸爸是同乡，是不是让我跟你爸爸谈谈你们的事？"张兆和急了，赶紧说："不要讲。"胡先生很郑重地告诉她："我知道沈从文很顽固地爱你！"张兆和脱口说道："我顽固地不爱他！"胡先生笑了，张兆和也被自己的话逗笑了。

功夫不负有心人，沈从文终于赢得了张兆和的心。后来，他在给张兆和的信中这样说:"我行过许多地方的桥,看过许多次数的云,喝过许多种类的酒,却只爱过一个正当最好年龄的人。"他的话道出了多少恋人的心声。或许正是因为有了胡适的牵线搭桥,使得沈从文在内心深处对胡适产生了特别的好感。这不仅仅是因为胡适聘用了他做教师,也不是因为胡适促成了他与张兆和的婚姻,而是因为他作为一个没有高学历的青年,却受到了"洋博士"的恩宠,从此在事业上迈上了新台阶。他那种深埋在内心的感激,不知如何向人表达。

1933年,三十一岁的沈从文结束了漂泊再回到北平,应原青岛大学校长杨振声之邀参与中小学教科书的编辑工作。同年,沈从文凭借多年持续不断的情书,终于赢得张兆和的芳心,迎来感情的落地,在北平中央公园水榭举行了婚礼。新婚后,由于杨振声受教育部委托,主编《高小实验国语教科书》,沈从文就接替杨振声主编《大公报》文艺副刊,生活总算安定了下来。

婚后,他们租住在府右街达子营28号院。"合肥四姐妹"中的四妹张充和在回忆中说:"新居小院落,有一枣一槐。正屋三间,有一厢,厢房便是沈二哥的书房兼客厅。新房中并无什么陈设,四壁空空,也无一般新婚气象。只是两张床上各罩一锦缎百子图的罩单有点办喜事气氛,是梁思成、林徽因送的。"

达子营,可以说是沈从文的福地。住在这里的四年,是沈从文最安定、最幸福的时光,也是他文学生涯最辉煌的时期。住在达子营小院短短的四年中,他写了短篇小说《虎雏》《猎人故事》《主妇》等,中长篇小说《阿丽思中国游记》《边城》,散文《从文自传》《记

第五辑 什刹海，数不尽风流人物

沈从文与张兆和

丁玲》《湘行散记》等。随着《边城》《从文自传》《湘行散记》等作品的发表，沈从文在短短几年内迅速成为全国文坛举足轻重的人物。

"位尊未敢忘恩师"，沈从文成名后从未忘记胡适的恩情，也感激他对年轻人的包容和爱护。在多年的岁月里，沈从文一直将胡先生视为自己的恩师之一。这种感激之情，却是从没见他挂在嘴上，而是深深地埋在心底，流淌在作品文字之中。

沈从文在主编天津《大公报》文艺副刊等报刊后，将胡适看作"写领头文章的第一手"，经常向胡适约稿作为刊物的"压轴作"。两人关系密切，经常通信。据不完全统计，1929—1945年，沈从文写给胡适的书信达三十余封。

259

《中国古代服饰研究》中所引用的《宫乐图》

沈从文的儿子沈虎雏回忆说："1932年初，爸爸寒假期间到北平，就住在胡适米粮库的家。新中国成立前这两三年，爸爸妈妈去胡适家做客也不止一次。"那时的沈从文已是名作家、大学教授。他总想着要去看望自己的恩师，哪怕只是见面问声好，也一定要去。

中华人民共和国成立后，沈从文远离文学创作。他将全部精力投入到《中国古代服饰研究》，为此耗费了后半生的全部心血。第一版样本出来时，得到了周恩来认可，由康生题签，郭沫若写序；在经过了"文化大革命"的洗礼后，沈从文重拾旧作，重新编撰此书，搜集和整理丢失的资料和实物，最终完成了《中国古代服饰研究》这部学术专著，使之成为中国乃至世界服饰文化的瑰宝，被世人称颂。但花甲之年后的沈从文，却变得越发脆弱，情感真挚而复杂，心情也越发孤独和寂寞。

张兆和的姐姐张允和回忆说：1969年初冬，他一个人生活，怪可怜的。屋里乱得吓人，简直无处下脚。我问他："沈二哥，为什么这样乱？"他说："我就要下放啦！我在整理东西。"可他双手插在口袋里，并没有动手整理东西，他站在床边，我也找不到一张可坐的椅子，只得站在桌子边。我说："下放？！我能帮忙？"沈二哥摇摇头。我想既帮不了忙，我就回身想走。沈二哥说："莫走，二姐，你看！"他从鼓鼓囊囊的口袋里掏出一封皱头皱脑的信，又像哭又像笑地对我说："这是三姐给我的第一封信。"他把信举起来，面色十分羞涩而温柔。我说："我能看看吗？"沈二哥把信放下来，又像给我又像不给我，把信放在胸前温一下，并没有给我。又把信塞在口袋里，这手抓紧了信再也不出来了。我想，我真傻，怎么看人家的情书呢，我正望着他好笑。忽然沈二哥说："三姐的第一封信……第一封。"接着就吸溜吸溜地哭起来，快七十岁的老头儿像一个小孩子哭得又伤心又快乐。我站在那儿倒有点手足无措了。

晚年的沈从文因脑出血卧病在床，张兆和始终无怨无悔地陪伴在侧，精心照料，让沈从文安然走过了生命的最后一程，享受了温暖与阳光。沈从文在与黄永玉通信中说："我和我的读者都行将老去。"这句伤感的预言并没有应验。他没有想到，他的作品在人间正方兴未艾。

1988年，沈从文驾鹤西去。临终前，家人问他有何嘱托，他回答说："我对这个世界没有什么好说了。"他去世后，张兆和致力于整理出版他的遗作。在《从文家书》后记里，她说："从文同我相处，这一生，究竟是幸福还是不幸？得不到回答。我不理解他，不完全理解他。后来逐渐有了些理解，但是，真正懂得他的为人，懂得他一生承受的重压，是在整理编选他遗稿的现在。过去不知道的，现在知道了；过去不明白的，现在明白了。"

他们结婚的时候张兆和二十三岁，沈从文三十一岁，两人年龄相差八岁。婚后他们的感情并不稳定，有时两人同在北京依然分居，但是两人并没有分道扬镳，而是一起携手走过了五十五年。几十年之后，张兆和回忆其一生时说道："这一生有没有爱过从文我也不知道，我不懂他，他也不懂我，就这样过来了。"

2003年，九十三岁的张兆和也永远离开了人世。

张自忠战死疆场，大爱无言赢旌表

府右街丙 27 号是北京市自忠小学，也是抗日爱国将领张自忠的故居。抗战胜利后，张自忠将军的女儿张廉云、侄女张廉瑜为了纪念他，并实现其生前所愿"我的遗产不给子孙，拿出来办社会福利事业"，于 1948 年共同创办了自忠小学，张廉云任校长。

张自忠（1891—1940），山东省聊城市临清人，国民政府第五战区右翼集团军兼第三十三集团军总司令，陆军中将，追授二级上将衔。他在 1937—1940 年之间先后参与临沂之战、徐州会战、武汉会战、随枣会战与枣宜会战等。1940 年，张自忠在襄阳与日军的战斗中，不幸壮烈牺牲。

1940 年 5 月，日军集结了三十万大军发动了枣宜会战。在这场战争中，张自忠亲自率领部下和日军展开了激烈的交锋，中日双方的遭遇战持续了三天之久，日军的装备精良，在飞机大炮的掩护下，

张自忠像及手书"为民族争生存而奋斗"

在二十四小时之内,对张自忠的军队发动了九次冲锋,导致中方的伤亡人数急剧上升。

作家老舍在1940年撰写了《张自忠将军的战绩与殉国经过述略》(《文史资料选编》第八辑),其中有这样的记述:"张将军出击,敌人也就反攻;互攻七天七夜,一地之争夺至七十余次。他自己上前,复抽调助攻军队,绕击敌背,前后夹攻,敌人溃退……以上面的一些事实,大概我们可以认识张将军,并且可以断定他的死是随时随地可以遇到的……"

最后,张自忠身体多处受致命伤。在生命危在旦夕之际,他坚持将自己的卫队都调到前线,身边只剩下了少校副官马孝堂和总部

府右街自忠小学（三越提供）

高参张晋等几个人。惨烈的战斗在5月16日下午，张自忠再次负伤倒地，副官马孝堂正在为他包扎伤口时，十几个敌人又冲上来了。

据当年前线总部指挥官、跟随张自忠在前线参战的亲历者李致远回忆说："在万分紧急的情况下，总部高参张晋用手枪与敌人拼搏，打死敌兵四人，自己战死。敌兵冲向总司令，用刺刀捅进总司令的肚子。总司令用手抓住敌人的枪筒，另一敌兵开枪射入总司令的头部，总司令就这样殉国了。"

李致远说，当时副官马孝堂是待敌人冲上来时，急忙滚到坡下装死，骗过了敌人。因此，他也看清楚了总司令殉国时的上述情况。

当天傍晚，副官马孝堂和被俘伤兵，被日军用刺刀砍杀后，抛

张自忠

在村边一个大土坑内。马副官头部被砍两刀,虽然头骨断裂,但却头脑清醒。天黑以后,他爬到老乡家门口喊人,有两个老人应声出来说:"总司令的尸体,敌人叫我们抬到村西头埋啦。"在确认了总司令的墓地后,马副官在两位老乡的护送下,到了38师师部。在得知报告的情况后,师部立即决定,派出便衣队和战斗部队到方家集,将总司令的遗体运回师部，并即刻转移至大后方。

在对张自忠的尸骨检验后确认，张自忠身体有八处伤口，其中炮弹伤两处，刺刀伤一处，枪弹伤五处。随后，将军遗体被运往战时首都重庆安葬。在灵车途经宜昌时，十万军民恭送灵柩至江岸。其间日机三次飞临宜昌上空，祭奠的群众竟无人躲避和逃散，人们自发地向民族英雄张自忠致哀。

张自忠将军是我国在二战中牺牲的最高级别将领。他的死，为中国人民树立了一个忠勇奋斗的榜样，坚定了中国人民战胜日本侵略者的信心和决心；更在日本侵略者面前昭示了中国人、中国军人的庄严人格，显示了中国人民不畏强暴的英雄气概和誓死救国的坚强决心。国民政府发布命令，为张自忠举行国葬，将其牌位入祀忠烈祠，并列首位，极尽哀荣。

张自忠将军牺牲后，最难过的无疑是在家中等待他胜利归来的夫人李敏慧。当她收到丈夫殉国的消息时，事情已经过去了两个多月。李敏慧表示自己并不难过，丈夫为国家战死疆场，是他最好的归宿。李敏慧开始安排家中的琐事，把所有事情都交给了张自忠的弟弟处理后，将自己反锁家中，绝食七日而死。夫妻二人合葬于重庆梅花山麓。

中华人民共和国成立后，中央人民政府追认张自忠将军为革命烈士。2009年，张自忠入选"100位为新中国成立作出突出贡献的英雄模范人物"。

梁漱溟：心底无私天地宽

梁巨川（1858—1918）、梁漱溟（1893—1988）父子原住在小铜井胡同1号。20世纪50年代总政文工团占用了梁家的西花园。经协商，由总政和政协共同将梁家院落修葺一新，并将院门改为东向临水，现其门牌为西海西沿2号。如今，在积水潭地铁站南侧有介绍小铜井胡同的说明牌，上面写有"小铜井东口有梁巨川、梁漱溟父子故居。梁巨川为清末学者，曾在民政部供职。1918年感于世事污浊，愤而投积水潭自尽，引起社会反响"。

1918年11月7日，快要过六十岁生日的前清民政部员外郎、学者梁济（梁巨川）问儿子梁漱溟："这个世界会好吗？"正在北京大学做哲学讲师的儿子回答说："我相信世界是一天一天往好里去的。"

"能好就好啊！"梁济说罢离开了家。

三天之后，梁济在北京积水潭投水自尽，留下万言遗书，其中

小铜井胡同

说道:"国性不存,国将不国。必自我一人殉之,而后让国人共知国性乃立国之必要……我之死,非仅眷恋旧也,并将唤起新也。"

父亲的离世,并未给梁漱溟留下太多的心理阴影。无论是青年还是老年,他并没有被世上那些龌龊的东西所玷污和沾染。其目光一直是清澈见底、纯净如水的,与当时的社会显得有些格格不入。1917年,梁漱溟欲往衡山出家为僧,因他只想当和尚,只念佛经,不念四书五经,但未能遂愿。1918年,蔡元培电请他去北大哲学系当讲师。梁漱溟几次婉言谢绝,称自己无力担此大任。梁漱溟晚年回忆时说:"我本不敢应承的。我只不过初涉佛典,于此外的印度哲学实无所知。"

蔡先生反问："你说你教不了印度哲学，那么，你知有谁能教印度哲学呢？"梁回答说不知道。蔡先生说："我们亦没有寻到真能教印度哲学的人。横竖彼此都差不多，还是你来吧！你不是爱好哲学吗？我此番到北大，定要把许多爱好哲学的朋友都聚拢来，共同研究，互相切磋，你怎可不来呢？你不要当是老师来教人，你当是来合作研究，来学习好了。"蔡的这几句话打动了梁漱溟，梁漱溟只好应承下来。梁漱溟在人才济济的北大，开始讲授佛教哲学，这一讲就是七年。特别是在梁漱溟讲孔子时，学生们都争着来听他的课，听他是如何为孔子做辩护的。在北大教学期间，他在北大哲学研究所开始讲授哲学，后又在研究所开设孔子研究课程，并在商务印书馆出版《印度哲学概论》。

如此智者，在常人眼中该是何种姿态？梁漱溟说："生活就是没尽的意欲和那不断的满足与不满足罢了。"他还说："吃饭好好吃，睡觉好好睡，走路好好走，说话好好说，如此之谓'敬'。"梁漱溟提出，真力量要从乡村酝酿出来。

1928年，梁漱溟在河南进行短期的村治试验；1931年，他又来到山东的邹平，进行了长达七年的乡村建设运动；后来，试验区域逐步扩大到全省十几个县，在海内外产生了深远影响。他把解决中国问题的重点，落实在社会改造上。他想出的办法是"乡治"。梁漱溟甚至把他的这种教育方法用到了自己的政治试验上。

1953年，梁漱溟认为，过去中国将近三十年的革命中，中国共产党都是依靠农民而以乡村为革命根据地的；但自进入城市之后，工作重点转移到城市，从农民成长起来的干部亦都转入城市，乡村

1949年梁漱溟（前排右二）在重庆北碚迎接解放军进城

便不免空虚。特别是近几年来，城里的工人生活水平提高很快，而乡村的农民生活却依然很苦。所以，各地乡下人都往城里跑，而城里不能容，又赶他们回去，形成了矛盾。

梁漱溟与毛泽东同岁。1918年，两人在杨昌济（杨开慧的父亲）家里初识。当时梁漱溟是北大哲学系讲师，毛泽东则在北大当图书管理员。二十年后，梁漱溟到延安，在十六天里与毛泽东有过多次

梁漱溟

交谈，其中有两次交谈通宵达旦。

1950年1月，在毛泽东和周恩来的再三邀请下，梁漱溟由重庆来到北京。毛泽东请他到家里做客，还专门派车接他，招待吃饭。由于梁漱溟吃素，毛泽东大声嘱咐说："我们也统统吃素，因为今天是统一战线嘛！"当毛泽东得知他还借住在亲戚家里时，马上派人安排，让他住进颐和园内的一处小院里。

1953年，梁漱溟的名字几乎家喻户晓。因为他敢在全国政协会上公开顶撞毛泽东，并要求毛泽东要有雅量，也就是说要有承认错误的勇气。因为梁漱溟与毛泽东的关系十分融洽，经常来往，两人之间有时谈得兴高采烈，有时又不欢而散。也许正是不分上下的朋友关系，使梁漱溟一时忘乎所以，才惹出1953年的一段公案。

之后，梁漱溟开始深居简出，很少开口。1956年11月，在"大鸣大放"的高潮中，许多朋友认为梁漱溟应当出来说说话，出出气。但梁漱溟沉住气，决定旁观一段时间。结果，在随之而来的"反右倾"斗争中，那些朋友当中的许多人被戴上了"右派"帽子，而梁漱溟侥幸躲过一劫。

梁漱溟被誉为中国著名的思想家、哲学家、教育家、社会活动家、国学大师、爱国民主人士，主要研究人生问题和社会问题，是现代新儒家的早期代表人物之一，有"中国最后一位大儒家"之称。

"民间收藏第一人"张伯驹

清光绪二十四年（1898）3月，张伯驹出生于河南省项城。其父张锦芳将其过继给伯父张镇芳。张镇芳是民国时期大名鼎鼎的直隶总督。张伯驹的表叔是民国大总统袁世凯。民国时期，盐业银行就是张伯驹家开的。这位富贵公子，风度翩翩，并且诗词歌赋、吹拉弹唱无所不能。当时人们把他同末代皇帝溥仪的族兄溥侗、袁世凯的次子袁克文、奉系军阀张作霖之子张学良并称为"民国四公子"。

1935年，张伯驹遇到了他一生的最爱——潘素。潘素是苏州名门千金，是前清著名的状元宰相潘世恩的后代。幼年时期，她的母亲聘请名师教她琴棋书画。她擅长弹琵琶，绘画也非常好。潘素十三岁时母亲病逝，父亲继娶，后来家道中落，她被继母王氏卖到上海的青楼，成为风尘女子。

潘素天生丽质，容貌绝美，风姿绰约，外号"潘妃"。张伯驹对

后海南沿张伯驹故居（王越提供）

潘素一见钟情，还写了首诗赞美她："潘步掌中轻，十步香尘生罗袜；妃弹塞上曲，千秋胡语入琵琶。"这时潘素二十岁，张伯驹三十七岁。张伯驹排除层层阻力，娶了潘素，从此两人夫妻恩爱，形影不离，白头偕老。潘素为张伯驹生了女儿张传彩。

1948 年，张伯驹和二房邓韵绮离婚了，1952 年，张伯驹和三房王韵缃离婚。从此张伯驹和潘素一夫一妻，相伴度过后半生。

自 20 世纪 50 年代起，张伯驹与夫人潘素陆续将其三十年所收藏的珍品捐献给故宫博物院，其中包括展子虔的《游春图》、唐寅的

《王蜀宫妓图》、陆机的《平复帖》、杜牧的《张好好诗》、范仲淹的《道服赞》、黄庭坚的《诸上座帖》等十七件书画。政府曾奖励其二十万元，被张伯驹婉言谢绝。他说得很简单："我看的东西和收藏的东西相当多，跟过眼云烟一样，但是这些东西不一定要永远保留在我这里，我可以捐出来，使这件宝物永远保存在我们的国土上。"

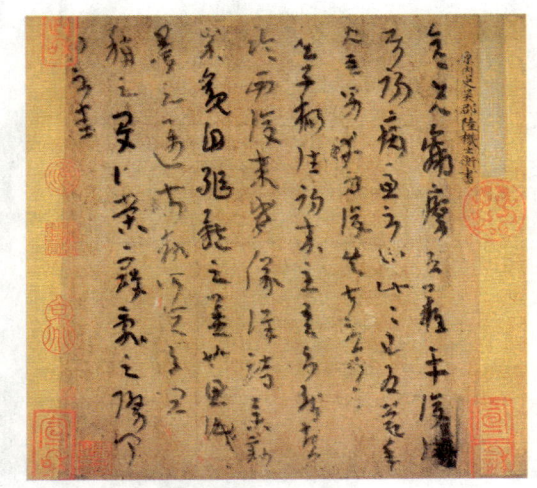

陆机《平复帖》

据当代资深山水画家、国画理论家关瑞之先生回忆说，1980年夏，他陪同张伯驹、关松房、启功、魏龙骧等人同游颐和园时，河南的一位领导问关松房、张伯驹二位老人："当今很多名人都在考虑建博物馆、灌唱片将自己的艺术作品传世，你们是不是也有考虑？"张伯驹回答："我的东西都在故宫里，不用操心了。"

张伯驹常挂在嘴边的一句戏词是"我本是卧龙岗散淡的人"。对于功名，他懒于汲汲；对于利禄，他视之如粪土。当年张伯驹之父怕他玩物丧志，强行安排他去自己的银行挂职。由于盐业银行的政治背景，清廷的大批文玩都抵押在这里。张伯驹在此上班，挣钱的方法没有学到，但对古玩字画颇有研究，因而成就了他日后超乎寻常的鉴赏眼光。也是从这时开始，倚靠盐业银行的背景，张伯驹开始步入中国收藏界。

他一生爱文物，为了收藏，他不惜倾家荡产，家徒四壁也在所不惜。潘素一路跟随，毫无怨言，成全了他的名士风流。

1946年，为了收藏隋代画家展子虔的《游春图》，张伯驹不惜变卖了所住的李连英老宅。这所宅子卖了二百二十两黄金，再加上潘素变卖首饰的二十两黄金，方才购得这幅画作。潘素心甘情愿地跟随着张伯驹搬到了城外居住。

还有一回，张伯驹被一群匪徒绑架了，绑匪看中了他家里的珍贵字画。他悄悄地对潘素说："宁死魔窟，决不能变卖所藏字画赎身。"潘素自然明白张伯驹视字画如生命的心，她用首饰换成二十根金条，把丈夫赎了出来。

张伯驹看中了一幅古画，价格不菲，但其时张家状况已大不如前。潘素有些犹豫，张伯驹便索性躺倒在地，像个孩子一样耍赖，怎么拉也不肯起来。直到潘素答应拿一件首饰去换画，他才从地上爬起，拍拍灰尘回屋睡觉去了。真正爱一个人，才会在她面前变成一个孩子；真正爱一个人，才会容忍他所有的孩子气。对于张伯驹千金散尽收藏文物的"败家"行为，家里人都很不理解。唯有潘素理解他。她宁愿面对家境的衰败，也要支持他，而且是鼎力相助，因为她懂他：他费尽心血收藏字画，并不是为了占有，而是不想让它们流入外国。

张伯驹捐给故宫博物院的十七件字画，至今仍是该院的镇院之宝。

张伯驹的女儿张传彩回忆说："父亲当年不是很喜欢一意鼓吹袁世凯做皇帝的袁克定，但后来看见他家产耗尽，生活越来越潦倒，

1948年就将他接到承泽园。后来，任中央文史馆馆长的章士钊给袁克定一个馆员身份，让他在那里谋一职，每月有五六十块钱的收入。父亲说，袁每次一拿到工资，就要交给我母亲。但父亲不让母亲收他的钱，说既然把他接到家里了，在钱上也就不能计较。1952年，燕京大学并入北京大学，北京大学从城内沙滩迁入燕园。第二年，父亲把承泽园卖给北京大学。我们家那时在海淀还有一处三十多亩地的院子，从承泽园搬出后，在那个院子住了半年左右，后来卖给了傅作义，最后住到了后海附近。父亲给袁克定一家在西城买了间房子，让他们搬了过去，也照样接济他们的生活。"

1961年初春，无人问津的张伯驹夫妇，突然接到一封来自长春署名"宋振庭"的电报，内容是让张伯驹前往吉林省博物馆任副馆长一职。

张伯驹与潘素见电后欣喜若狂，但又因身份而有所迟疑，立刻回电报："宋振庭足下台鉴：两电喜获，不胜惶恐。我因齿落唇钝，多舛有错，名列右派，实非所志。若能工作国家，赎过万一，自荣幸万分，若有不便，也盼函告。张伯驹。"没过几天，对方来了电报："电悉，盼速来吉。宋振庭。"

张伯驹见电报后，有一种前所未有的解脱感，他如释重负。1957年，张伯驹因主张解禁并演出传统京剧《马思远》，被错划为"右派"。从此张伯驹每个星期都挨批斗，大字报铺天盖地。陈毅担心张伯驹受不了自绝，想到自己的新四军旧部宋振庭（当时是吉林省委宣传部部长），让他"设法给人家一条出路"。张伯驹北上虽属无奈之举，却也是人生的又一次选择。这次选择，拓展了张伯驹人生新的气象和格局。

张伯驹的舒心日子没过几年,"文化大革命"的风暴不期而至。张伯驹未能幸免,这一次他遭受了前所未有的打击……1970年,学习和改造结束后,张伯驹以学习尚好、敌我矛盾按人民内部矛盾处理予以退职,并送往舒兰县朝阳公社插队落户,不久后回到北京。

1972年1月,老朋友陈毅元帅逝世,张伯驹写挽联展于灵堂:

仗剑从云作干城,忠心不易。军声在淮海,遗爱在江南,万庶尽衔哀。回望大好河山,永离赤县。

挥戈挽日接尊俎,豪气犹存。无愧于平生,有功于天下,九泉应含笑。伫看重新世界,遍树红旗。

临时前来参加告别的毛泽东看到这副挽联,得知张伯驹的现况后,嘱咐在旁的周恩来予以关照。十多天后,张伯驹被聘为中央文史馆馆员。

1978年9月,有关部门对张伯驹的冤案予以平反,恢复名誉。1981年1月在北海公园画舫斋举办了"张伯驹、潘素夫妇书画联展"。1982年2月26日,张老因患感冒病逝,享年八十四岁。一副挽联是他一生的写照:"爱国家,爱民族,费尽心血,一生为文化,不惜身家性命;重道义,重友谊,冰雪肝胆,赍志念一统,豪气万古凌霄。"

风流倜傥叶公超

叶公超（1904—1981）出身于书香门第，官宦世家。他的曾祖父是进士，官至军机章京，辞官后任越华书院主讲。他的祖父是举人，三品衔的江西候补知府。他的父亲曾任九江知府。叶公超早年丧父，在叔父叶恭绰的监护下长大。叶恭绰早年毕业于京师大学堂仕学馆，后留学日本时加入孙中山领导的同盟会，曾任民国政府交通总长，为"交通系"首领。

叶公超五岁时，家人为他延聘教习，习画写字，修读经史，间学英文。叶公超九岁时，被送到英国读书两年，后又被送到美国读书一年。十三岁时，叶公超以同等学力资格考入天津南开中学。五四运动时，天津南开中学率先响应。十六岁的叶公超参加著名的"南开救国十人团"，参与游行，进行演讲，十分活跃。叶恭绰怕叶公超受到"五四"影响，荒废学业，未等其毕业即安排他赴美留学。

1925年，叶公超获爱默思特大学文学学士学位。1926年，他获得剑桥大学文学硕士学位。

1935年，叶公超应胡适邀请就任北大英语系教授。他不喜欢开会，懒得出席各种应酬，逢年过节也不与他人走动，为此得罪过不少国民党元老。曾有人问能熟练掌握英、法、德语的朱光潜，国人里谁英文最好？朱光潜不假思索地说："叶公超。"能取得这样的成就，如非天才，即是勤奋。

1936年7月中旬，叶公超从清华园搬到地安门西大街前铁匠营5号。叶公超的书房在西厢房，这里也是他接待朋友的地方。房中的家具还是以前房东用的那些，满堂硬木家具，显得富丽堂皇。北房的廊檐很宽，通到东面另一个院子。廊檐外有两棵树和花草，并堆砌着几块太湖石。这所新居虽然看不到竹影婆娑，却有花木扶疏，并且十分幽静。晚间散步，出胡同口走十分钟就可到北海后门；再多走几步，可到地安门外鼓楼一带的古玩铺、地摊一逛。而且，他还可以随时溜达到米粮库胡适家，十分近便。

叶公超婚后不久，学生赵萝蕤常去他家中拜访他，赵后来回忆说："看见一位女子坐在书桌旁椅子上看书。经叶先生介绍，才知道是他新婚的夫人袁永熹，燕京大学物理系毕业的。可是房里没有新添像是新婚家庭的家具和摆设。新婚夫人也是一般穿戴，不像一个新嫁娘。坐下谈话时，我看见背后书架上有红皮脊烫金字和图案十分耀眼的书，以前在他书架上不曾看见过。叶先生告诉我，是胡适、温源宁等十位老朋友赠送的结婚礼物，路卡斯编的《兰姆全集》和路卡斯写的《兰姆传》。叶先生最喜欢兰姆的文章，朋友们特意买了

名人 | 遗范长存

叶公超

这套书作为结婚贺礼。"

叶公超与胡适虽然均是"留美"学派，但他们对于文学创作的见解并不是完全相同的。叶公超虽不认同鲁迅的杂文，但十分欣赏鲁迅的散文和小说。特别是在鲁迅逝世后，叶公超通宵达旦地读完了鲁迅作品。然后写文章发表在天津《益世报》副刊上，极力褒扬鲁迅，认为其散文作品超越胡适和徐志摩远矣。惹得胡适非常不快，叶公超告诉胡适："人归人，文章归文章，不能因人而否定其文学的成就。"

叶公超与胡适、徐志摩皆为好友，而与鲁迅没有交集。但他能够抛开"投桃报李"的小圈子说真话，实属难得。而且鲁迅生前是没少"骂"胡适和徐志摩的。

抗战结束后，叶公超告别了十四年的杏坛生涯，到国民政府任职，从外交部欧洲司司长、政务次长，直至外交部部长。虽说官场上顺风顺水，但家庭生活却不尽如人意。

叶公超与妻子袁永熹的婚姻，本来是令许多朋友羡慕的，但却被叶公超的坏脾气破坏。比如，在婚后不久，吴宓到叶公超家去吃饭，因为饭菜的味道不佳，他便当着吴宓的面大发脾气。袁永熹当时一言未发，等叶发泄完之后才说："作为主妇，饭菜不合口味，我有责任。但是你当着客人的面发脾气，也是不合适的。"在后来的日常生活中，夫妻关系越发紧张。抗日战争爆发后，袁永熹带着子女移居美国。此后，袁永熹一直在美国加州大学从事研究工作，退休后过着隐居生活。

在叶公超生命的最后四十多年中，他们聚少离多，二人的婚姻已是名存实亡。叶公超赴美公干时，只有在外交需要其夫人非出面不可的时候，袁永熹才会迁就一下叶公超，出席一些外交所需的交际应酬场合。除此之外，他们几乎不来往。叶公超常感叹妻子儿女虽各有所长，可惜对中国文化太隔膜，意谓不能理解他的追求与事业。

叶公超在他晚年的文章《病中琐记》中感慨万分地说："生病开刀以来，许多老朋友来探望，我竟忍不住落泪，回想这一生竟觉得自己是悲剧的主角，一辈子脾气大，吃的也就是这个亏，却改不过来，总忍不住发脾气。"霍济光说他忘了"中庸"这两个字，忘了"六十而耳顺"这句古语。叶公超的晚年是孤独和寂寞的。据说，他在弥留之际还在不断地念叨："我的家人，我的太太、女儿都要回来看我啦。"护士说："听着真可怜。"

1981年11月20日，叶公超走完了自己的人生，享年七十七岁。他临终之际，身边没人。他的夫人袁永熹并没有返台，只是以未亡人的身份送了一副挽联。

1995年，叶公超夫人袁永熹在美国加州悄然去世，享年九十二岁。从此，夫妻二人地下相见，但仍旧无缘同穴。

对于叶公超，陈香梅是这么评论的："叶公超是个性情中人，他是一个读书人，有报国的雄心壮志，他爱自己的国家和民族比爱自己多，他也是一位怜香惜玉的才人，他对不少女人有不同的情感，但他不可能是理想的丈夫，他的婚姻是失败的，我们不须替他辩护。他爱的国家，他爱的女人都使人失望，有负于他，这是一个大讽刺，也是一场悲剧。"

侯宝林难舍真情话分家

侯宝林是一国家喻户晓的相声大师。1917年出生于天津，因家境贫寒，四岁时被舅舅张全斌从外地送到北京地安门外侯家。养父在涛贝勒府上做厨师，从懂事起，侯宝林就饱尝了城市贫民生活的艰辛。1929年他刚刚十二岁，就拜颜泽甫为师学京戏。从1940年起，他与长辈郭启儒搭档，合说对口相声。

作为20世纪中国最著名的相声表演艺术家，虽然他的社会地位不断提高，国内外影响不断扩大，但他却从不因地位的变化而轻视他人，终生和人民群众在一起。任何时候，侯宝林都是没架子，只要观众喜欢听，他就可以说。侯宝林常说一句话："一个演员，成名是其次，最要紧的是承认——让观众承认。人活在世上，眼睛不能老是往上看，主要是你的心得往下想。"

翻看侯先生的相册，站在他身边的，大多是司机、列车员、服

1956年侯宝林主演《游园惊梦》海报

务员等,全是普通观众。他不随波逐流,不糟蹋艺术,不自甘下贱,不辜负观众,与平民百姓保持着密切联系,朋友遍及各行各业各个阶层,他自称是观众的"仆人",始终把观众视为恩人、衣食父母和老师。因为他深知表演艺术离不开生活的土壤,离不开人民。

侯宝林在《卖艺生涯》中回忆说,天气冷了,他们晚上睡觉没被子,就去鼓楼市场东边马大爷家租棉被。那年月,卖艺的生意好,每天给人家三个铜板租一床被子。要是赶上刮风下雨,连自己吃饭的钱都挣不出来,更甭说租棉被子的钱了。过不了几天,马大爷就让他家闺女来要钱了,侯宝林管人家闺女叫三姐。就得拿好话央求三姐,欠五天的租金,先给上两天的,行不行?三姐心一软就说甭给了。侯宝林怕马大爷骂他,三姐说:"你就说钱都给我了,不就得啦!"

事隔几十年以后,侯宝林早就扬名立万了。但每年春节前,他总想着去给三姐拜年。还有烙烧饼的晁文海，人称晁四爷，总是变着法儿地给侯宝林做玉米面大饼子，花钱少还能吃饱。这些，对于成长中的侯宝林总是暖在心里，感激不尽，念念不忘。中华人民共和国成立后，侯宝林得工夫就去看望晁四爷。有一次，侯宝林去看晁四爷，家人说去小酒馆喝酒去了。侯宝林愣是追到小酒馆，与晁四爷聊天说话，嘘寒问暖，就是为了看一眼晁四爷。

侯宝林说，"我的这种道德观念是从哪儿学来的，完全是听书、听戏学来的"，知道"受人滴水之恩，必当涌泉相报"。而侯宝林在八岁那年只念了三个月"义学"，他的文化和知识几乎都是社会这所大学校给的。正如薛宝琨在《侯宝林评传》中写道："古人所谓'博学之，审问之，慎思之，明辨之，笃行之'等一切做人或为学的方法，都是他在职场及以后的艺术舞台上获取的。"

记得在上中学时，笔者每天都从龙头井胡同南口经过，几次遇到侯宝林出家门外出。在北海后门等公交车时，他就在站牌子下与"观众"们聊天。话语温和，平易近人，一点架子都没有。

侯宝林从十几岁起开始学滑稽二黄，后因温饱问题而拜师朱阔泉，正式说相声。因为那时候说相声来钱快，也不需要专门的场地，撂地就能说。刚开始他是客串，在戏班子跑完龙套，再去说相声挣点饭钱。如此反复，戏班子老板就不高兴了。侯宝林在回忆中说，还是在鼓楼市场学会了相声，"这是我以后转变成为相声演员的基础"。薛宝琨说，侯宝林选择了相声，相声也选择了他。二者是相辅相成的，他选择相声是因为相声除去能给他温饱之外，还能给他人格独立的尊严。而相声选择他，恰恰是因为那时的相声缺少艺术的尊严。

鼓楼市场是在钟楼前面、鼓楼后面中间的空地。在1949年前那里有酒馆、茶馆，有卖炸丸子、豆汁的，还有卖艺的、说书的，可热闹了。侯宝林就是在这里挣了他人生的"第一桶金"。之后，侯宝林渐渐有了名气，衣食无忧，还娶了三房太太。

新中国成立后的婚姻法规定"一夫一妻"制度，侯宝林面临重要人生抉择。侯宝林后来回忆说："当年我那三个太太都不错，尤其是大太太，那可是一个典型的贤妻良母呀，唉，说句心里话，她们三个我是一个都舍不得。在一块儿过惯了，热热闹闹的一大家子人，忽然就剩下两人了，你说别扭不别扭。那种冷清劲儿，我好长时间都不习惯。"作家甄诚在采访时问："从那以后，你与大太太和二太太还有来往吗？"侯宝林把脖子一梗说："夫妻一场的，能断得那么干净吗？嘿嘿，不过即便是与她们来往，也不能像过去那会儿大摇大摆了。"

旧社会，只要有个媒人撮合，再找个中间人证婚，然后置办上几桌酒席，就算是结婚了。

侯宝林生前曾经说过："之前摆地摊的相声每段都有很脏的话，我总觉得这样的相声不好。我们上了舞台以后，就把其中脏话部分去掉了，我改了以后呢，结果是观众接受了，依然很支持我，喜欢我。在天津落了一个名声，就是'听侯宝林的相声，很文明'。"由此看来，相声既能让观众高兴又能保持文明是侯宝林相声的特色，也同时表明他对相声艺术的驾驭能力是极强的。他的徒弟马季先生说的相声也同样贴近生活，也很能引起观众发笑，但我们几乎听不

第五辑 什刹海，数不尽风流人物

启明茶社里的相声表演

到脏话，由此看来，相声得以脱胎换骨成为艺术流派，就在于不断去除那些恶俗的东西，提高艺术品位。

侯宝林大师在临终绝笔——《最后的话》中说："我侯宝林说了一生相声，研讨了一生相声。我的最大希望是把最好的艺术献给观众。观众是我的恩人、衣食父母,是我的教师……我衷心期望我所热爱、视为性命的相声发扬光大,期望有更多的侯宝林,献给人更多的欢欣。我终生都是把欢笑带给观众,假如有一天,我不能不永诀观众,我也会带着微笑而去。祝大家万事如意,生财有道。"

1993年2月,侯宝林因病去世。

参考书目

[1] 震钧:《天咫偶闻》,北京古籍出版社 1982 年版。

[2] 凌宇编:《沈从文散文选》,人民文学出版社 1982 年版。

[3] 新凤霞:《新凤霞的回忆》,北京出版社 1982 年版。

[4] 王庆祥:《末代皇后和皇妃》,吉林人民出版社 1984 年版。

[5] 石原皋:《闲话胡适》,安徽人民出版社 1985 年版。

[6] 凌宇:《沈从文自传》,北京十月文艺出版社 1988 年版。

[7] 金受申:《老北京的生活》,北京出版社 1989 年版。

[8] 陈宗蕃:《燕都丛考》,北京古籍出版社 1991 年版。

[9] 白吉庵:《胡适传》,人民出版社 1993 年版。

[10] 梁漱溟:《中国人:社会与人生——梁漱溟文选》,中国文联出版公司 1996 年版。

[11] 徐剑:《本真诗人·梁宗岱》,山东画报出版社 1998 年版。

[12] 欧阳哲生:《追忆胡适》,社会科学文献出版社 2000 年版。

[13] 北京市政协文史资料委员会:《杏坛忆旧》,北京出版社 2000 年版。

[14] 西南联合大学北京校友会:《第二条战线的功臣袁永熙》,中国工人出版社 2001 年版。

[15] 韩石山:《徐志摩传》,北京十月文艺出版社 2001 年版。

[16] 张清常:《北京街巷名称史话》,北京语言大学出版社 2004 年版。

[17] 北京市政协文史资料委员会:《名人与老房子》,北京出版社 2004 年版。

[18] 唐德刚:《胡适杂忆》,广西师范大学出版社 2005 年版。

[19] 金子成主编:《北京西城往事》,作家出版社 2005 年版。

[20] 薛宝琨:《侯宝林评传》,中国社会出版社 2005 年版。

[21] 朱家溍:《什刹海梦忆》,江苏文艺出版社 2006 年版。

[22] 温源宁:《我的朋友胡适之》,辽宁教育出版社 2006 年版。

［23］何卓新主编：《北京文史资料精选·西城卷》，北京出版社2006年版。

［24］何卓新主编：《北京文史资料精选·宣武卷》，北京出版社2006年版。

［25］傅华主编：《北京西城文化史》，北京燕山出版社2007年版。

［26］金子成主编：《北京西城往事》（第三部），中国文史出版社2008年版。

［27］王彬、徐秀珊主编：《北京地名典》，中国文联出版社2008年版。

［28］林语堂：《大城北京》，陕西师范大学出版社2008年版。

［29］金启孮：《金启孮谈北京的满族》，中华书局2009年版。

［30］马亮宽、李泉：《傅斯年传》，红旗出版社2009年版。

［31］马勇：《蒋梦麟传》，红旗出版社2009年版。

［32］代明、李玉兰：《民国遗迹在北京》，北京燕山出版社2009年版。

［33］朱光潜：《无言之美》，江苏文艺出版社2010年版。

［34］曾庆瑛：《陈垣和家人》，北京师范大学出版社2010年版。

［35］陶方宣：《胡适的圈子》，山东画报出版社2010年版。

［36］庄士敦：《紫禁城的黄昏》，故宫出版社2010年版。

［37］溥仪：《我的前半生》，群众出版社2011年版。

［38］罗尔纲：《师门五年记》，生活·读书·新知三联书店2012年版。

［39］翁偶虹：《北京话旧》，百花文艺出版社2012年版。

［40］允丽：《外家纪闻——启功先生外祖家的事》，文物出版社2012年版。

［41］黄蕙兰：《没有不散的宴席》，中国文史出版社2012年版。

［42］贾英华：《末代皇叔载涛》，人民文学出版社2012年版。

［43］周君：《朱家溍传》，江苏人民出版社2012年版。

［44］启功：《启功自传》，北京师范大学出版社2013年版。

［45］汪兆骞：《春明门内客——北京老宅院里的文化名人》，中华书局2013年版。

［46］顾寒山：《那座城里的旧时光》，北京联合出版公司2013年版。

［47］徐志摩：《徐志摩自述》，安徽文艺出版社2014年版。

［48］廖晓晴：《清代文化名人传略》，辽海出版社2017年版。

［49］吴晨阳：《林徽因传》，山东文艺出版社2017年版。

名人故居之旅

手绘 吴昊

名人 | 遗范长存

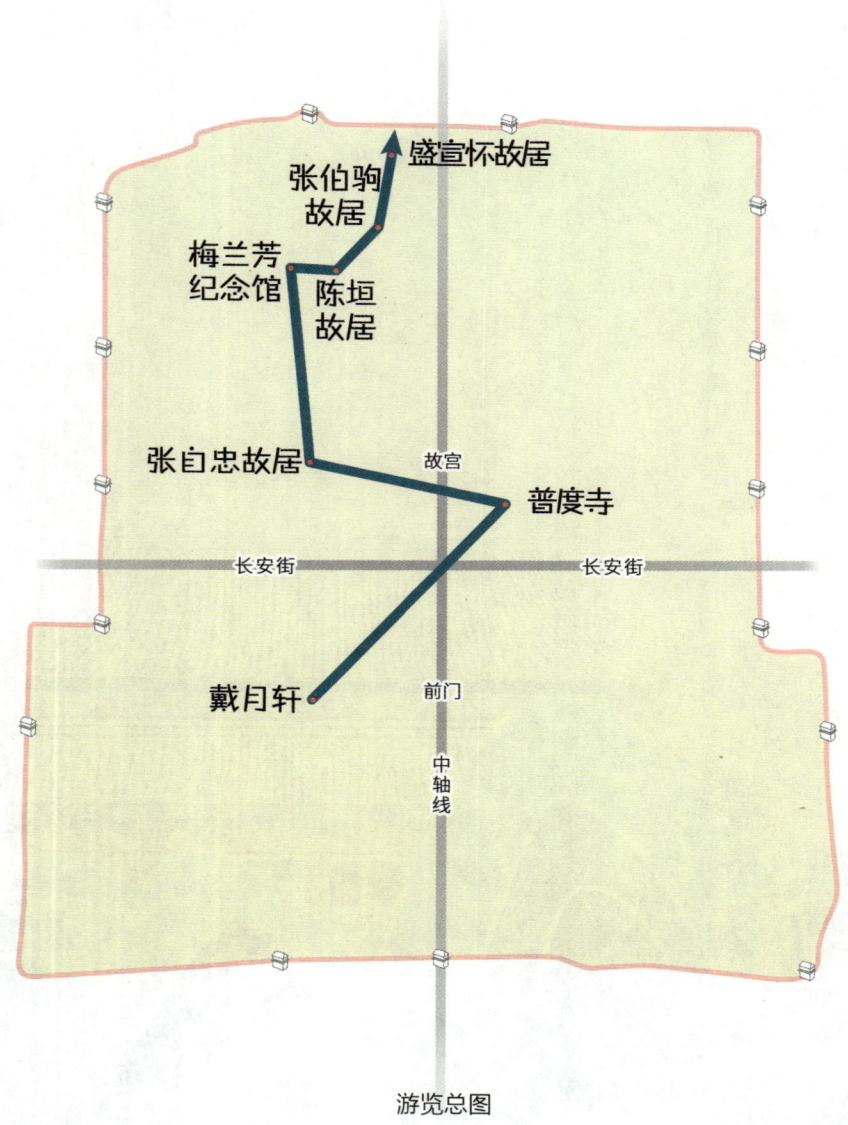

游览总图

注：景点介绍依据其所在地理位置摆放，大致与手绘街区地图匹配。受篇幅所限，手绘图与推荐游览顺序存在不一致的情况，请参照序号对应推荐游览顺序。此外，景点可能基于修缮、布展、改扩建等原因短期闭馆，建议读者提前查阅最新信息，再前往参观。

名人故居之旅

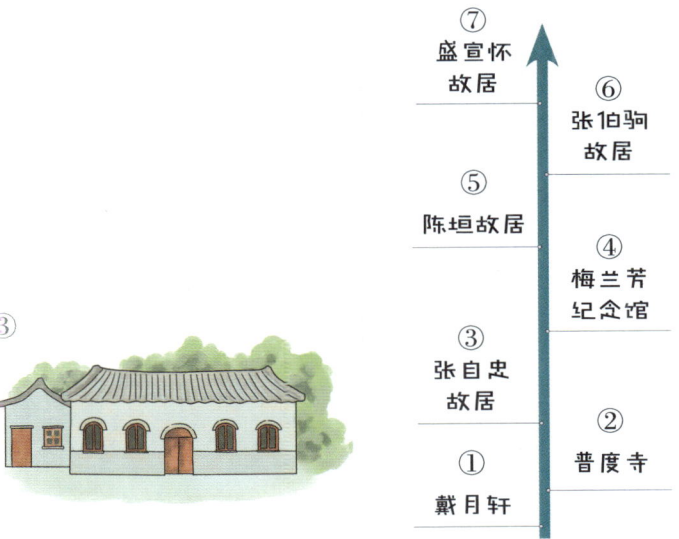

张自忠故居

地址：西城区府右街丙 27 号（原西椅子胡同 15 号）

简介：张自忠故居占地十三亩，有东、中、西三个院落，后因道路扩展拆除了东院。房屋以游廊连接，垂花门上绘有花鸟图案。故居正院有北房七间，灰顶，木地板，木隔扇窗棂上雕有花纹和"寿"字。张自忠的家属于 1948 年在张自忠故居创办自忠小学。学校现为西城区文物保护单位，并被命名为"西城区爱国主义教育基地""祖国宝岛青少年教育试点校"。

戴月轩

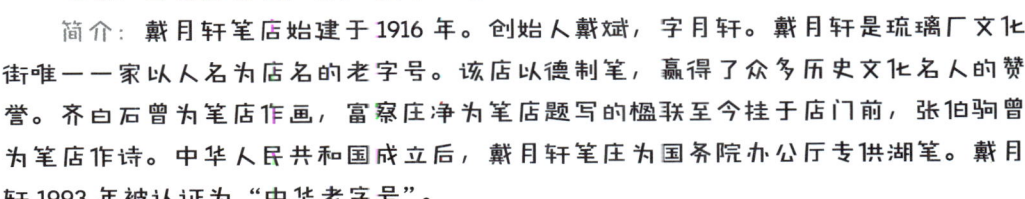

地址：西城区琉璃厂文化东街 73 号

简介：戴月轩笔店始建于 1916 年。创始人戴斌，字月轩。戴月轩是琉璃厂文化街唯一一家以人名为店名的老字号。该店以德制笔，赢得了众多历史文化名人的赞誉。齐白石曾为笔店作画，富察庄净为笔店题写的楹联至今挂于店门前，张伯驹曾为笔店作诗。中华人民共和国成立后，戴月轩笔庄为国务院办公厅专供湖笔。戴月轩 1993 年被认证为"中华老字号"。

戴月轩位于文化气息浓厚的琉璃厂文化街。琉璃厂西街也有一家戴月轩。

② 普度寺

地址：东城区南池子大街内普渡寺前巷 35 号

简介：普度寺，清初摄政王多尔衮的睿亲王府。康熙时将王府北部改建为玛哈噶喇庙，供奉藏传佛教中的大护法神大黑天。乾隆年间扩建，赐名"普度寺"。正殿名"慈济殿"，砖木结构，建造在平面呈"凸"字形的汉白玉须弥座上，殿顶为黄琉璃瓦绿剪边，面阔七间，进深三间，前出厦三间，四周绕以三十六根檐柱，出檐用三层椽子。整座大殿的建筑形式在北京独一无二。

📢 2011 年后，北京三品美术馆在普度寺不定期开馆办书画展，感兴趣的朋友可以提前关注展览信息。

梅兰芳纪念馆

地址：西城区护国寺街9号

简介：梅兰芳，"四大名旦"之首，我国杰出的京剧艺术大师。1951年，梅兰芳迁居此处。此院原为清末庆亲王奕劻王府的一部分，是一座典型的两进院落四合院。朱漆大门上悬挂着邓小平同志亲笔书写的"梅兰芳纪念馆"匾额，外院五间倒座房，现辟为展厅。内院北房为"故居陈列室"，各项陈设均保持梅兰芳先生生前原貌。现为北京市文物保护单位。

🔊 周一闭馆。

名人 | 遗范长存

张伯驹故居

地址： 西城区后海南沿 26 号

简介： 张伯驹故居由南北两排平房组成。院的南房正中一块匾额上面写着"张伯驹潘素故居纪念馆"，为书法家欧阳中石所题。此外，一张 1956 年的"褒奖状"赫然入列，上写张伯驹潘素将他们收藏的八件珍贵书画捐献给国家的文字，其书写者及签发者为时任文化部部长沈雁冰。纪念馆内设有声像厅、生活居室展厅、收藏陈列室、张伯驹著作展厅、潘素艺术展厅。

 周一闭馆。

陈垣故居

地址： 西城区兴华胡同 13 号

简介： 陈垣故居的院子可通往定阜街辅仁大学旧址。故居坐北朝南，门前有四级台阶，大门上有对联"忠厚传家久，诗书继世长"。它东临什刹海，西距嘉兴寺不远，南望北海北门。院内正中有陈垣先生的铜质雕像。进入故居大门，影壁迎面而立，外院有倒座房。陈垣曾常在北房和东西厢房与他的"爱徒"及辅仁大学的其他中青年教师讲经论道。现在故居北房已被辟为"陈垣纪念室"。

周围还有恭王府、北海公园及什刹海等景点可参观。

⑦

盛宣怀故居

地址：旧鼓楼大街小石桥胡同24号

简介：原清末邮传部尚书盛宣怀私邸，又名"盛园"。"盛园"是一座传统的中国庭园式建筑，内有楼阁、长廊、竹林、喷泉，隐匿在一条幽静的胡同内。不知情者走过庭园大门，很难想象其内会有如此俊秀的园林。中华人民共和国成立后，东院被改建为文化部幼儿园，西院曾由董必武居住。20世纪80年代改建成竹园宾馆，并对外开放营业。

📢 参观竹园宾馆后步行往南，左拐进入豆腐池胡同向东行，可到达钟鼓楼景区。